국역 간양록

국역 간양록

23

이을호 지음 · 다산학연구원 편

한국학술정보

간행사

선생이 1998년 88세를 일기로 서세하신 후, 2000년 11월 <이을호 전서> 9책 24권이 출판되었고, 2010년 탄생 100주년을 기념하여 『현암 이을호 연구』가 간행되었다. 그리고 10여 년 사이에 몇 가지 학계의 여망을 수렴해야 할 필요성이 대두되었다. 초간본에서 빠트린 글들을 보완해야 할 필요성이 제기되었고, 현대의 독자들을 감안해서 원문 인용문 등도 쉽게 풀이하는 것이 좋겠다는 요청이 있었다. 그 가운데 가장 중요한 것은 선생의 저술들이 가지는 학술적 가치를 고려할 때 몇몇 주요 저술들을 단행본으로 손쉽게 접할 수 있도록 보완해달라는 것이었다. 이로 인해 <이을호 전서>를 <현암 이을호 전서>로 개명하고, 9책 24권 체제를 각권 27책 체제로 확대 개편하는 수정 증보판을 내놓게 되었다.

일반적으로 선생을 가리켜 다산학 연구의 개척자라 하기도 하고, 현대 한국학의 태두라 하기도 하지만, 이는 그 일면을 지적하는 것일 뿐, 그 깊이와 내용을 올바로 판단한 것은 아니다. 선생의 학술적 탐구가 갖는 다양한 면모와 깊이는 전체적으로 고찰하기가 어렵기 때문이다.

선생의 학문 여정을 돌아볼 때 고보 시절에 이제마(李濟馬, 1838~1900)의 문인으로부터 『동의수세보원』을 익힘으로써, 인간의 근원에 대한 이해, 곧 그때까지 유행하고 있었던 주자의 성리설(性理說)로부터 고경(古經)의 성명론(性命論)으로 전환하는 계기가 되었다. 또한 경성약전을 졸업하고 중앙의 일간지에 「종합의학 수립의 전제」 등 여러 논설을 게재하고 『동양의학 논문집』 등의 창간을 주도하면서 '동서양 의학의 융합'을 주장하였던 것은 일제하에 허덕이고 있었던 민생을 구하고자 하였던 구세의식의 발로(發露)였다.

27세 때, 민족자강운동을 펴다가 일경에게 체포되어 영어의 몸으로서 『여유당전서』를 탐구하였던 것은 다산이 멸망하는 조선조의 운명을, 새로운 이념으로 광정(匡正)하고자 하였던 그 지혜를 배워서, 선생이 당면하였던 그 시대를 구하고자 한 것이었다. 광복과 함께 학교를 열었던 것은 평소에 꿈꾸었던 국가의 부흥을 교육입국을 통하여 현실에 실현시키고자 함이었다.

학술적으로 첫 업적이라고 할 수 있는 국역 『수은(睡隱) 간양록(看羊錄)』은 우리의 자존심으로서, 일제에 대응하고자 하였던 존엄의식의 발로였다. 마침내 다산의 경학연구로 학문적 토대를 쌓아, 육경사서(六經四書)에 대한 논문과 번역 등 『다산경학사상연구』를 비롯한 많은 저술을 남긴 것은 조선조 500년을 지배한 주자학의 굴레로부터, 학문적 자주성과 개방성으로서 새로운 시대의 올바른 문화를 열고자 하는 열망을 학술적 차원에서 이룬 것이었다.

선생의 학문은 난국의 시대에 국가의 앞날을 우려하여, 우리의 의

식으로서 새로운 사상적 전환을 이룩하고, 한국학의 독자성을 밝혀, 현대문화의 새로운 방향을 제시한 것이라 할 수 있다. 선생의 학문은 깊고 원대한 이상에서 성장해 결실을 맺은 것임을 알 수 있으니, 그 학문세계를 쉽게 말할 수 없다는 소이가 바로 여기에 있다.

선생이 가신 지 어언 15년의 세월이 흘렀음에도 선생의 저술에 대한 기대가 학계에 여전한 것은 오롯이 선생의 가르침과 학술로 거둔 성과다. 문인으로서 한결같이 바라는 것은 선생의 학술이 그 빛을 더하고 남기신 글들이 더욱 널리 퍼지는 것이다. 이 새로운 전집의 간행을 계기로, 선생의 학문이 더욱 널리 알려지고, 그 자체의 독자성이 심도 있게 탐구되어 대한민국의 학술사에서 선생의 위상이 새롭게 정립된다면, 이것이야말로 이 전서의 상재(上梓)에 참여한 문인들의 둘도 없는 소망이다.

2013년 납월(臘月)
문인 오종일 삼가 씀

일러두기

○ 이 책은 1952년 민족문화사에서 초간본이 간행된 후 여러 출판
  사에서 복간되었고, 2000년에 간행한 <이을호 전서> 8권에 수
  록하였던 것을 다시 간행한 것이다.
○ 역자의 뜻을 존중하여 책의 체제와 내용, 번역과정에 나타난 인
  명의 독음, 속어 등 표현상의 어휘들은 그대로 두었다.
○ 어려운 한문 문장은 번역하고 원문은 괄호에 넣었다.

서문

　본서를 간행함에 있어서 잊을 수 없는 하나의 사실이 있다. 그것은 다름 아니라 일본 제국주의자들의 강점기에 있었던 소위 분서(焚書)의 화인 것이다. 당시에 『간양록(看羊錄)』은 일본 경찰에 의하여 모조리 불태워져 버렸기 때문에 8·15 해방과 더불어 『간양록』은 씻은 듯 자취를 찾아볼 수가 없었던 것이다. 이 번역본의 저본이 된 원본은 그러한 환란을 어렵게 피해 낸 유일본이었다고 볼 수밖에 없다.

　그러한 뜻에서 번역·간행과 동시에 역자가 간직하고 있던 원본을 영인하여 동호자들의 참고에 공함과 동시에 옛 기억을 되살리는 기회를 가짐으로써 새로운 의미를 여기에 기록으로 남겨 두려고 한다.

　어쨌든 이 책을 번역·간행함으로써 수은(睡隱) 강항(姜沆) 선생(先生)의 애국 충절과 학문적 업적은 국내외에 널리 선양하게 됨은 물론, 선생을 추모하는 내산서원(內山書院)도 재건·중수되고 유적지 맹자정(孟子亭)에는 기념비도 세워짐으로써 선생의 유한을 달래는 사업이 속속 이루어짐과 동시에 근래에 있어서 또 한줄기 반가운 소식은 일본(日本) 오사카[大阪]에서 교포 강건영(姜健榮) 박사를 중심으로 하는 다수 한일(韓日) 쌍방의 유지들이 합심하여 수은 선생을 기리는 뜻에서 '강항선생기념문화교류비건립위원회(姜沆先生記念文化交流碑建立委員會)'가 조직되어 방금 활발히 움직이고 있다는 것이다. 수은 선생에 의하여 당대의 한국 유학이 일본의 등원성와(藤原醒窩)에게 전달됨으로써 일본의 국학(國學)이 비로소 발흥하게 되었다는 사실은 이미 해내외에 널리 알려진 사실이지만, 400년이 지난 오늘에 와서야 비로소 이를 회상하는 기념사업이 진행된다는 사실은 비록 때늦은 감이 없지 않으나 시의에 맞는 반가운 일이 아닐 수 없다. 여기서 비로소 문화로 맺어진 우의야말로 영원한 것임을 새삼 느끼지 않을 수 없다.

이제 구원(舊怨)을 씻고 새로운 우의를 다져야 하는 선린 일본을 위해서도 우리들은 『간양록』이 주는 교훈을 잊어서는 안 될 것이요, 그러한 의미에서도 한일 두 국민은 이 『간양록』을 들추어보면서 언제나 경각심을 새롭게 다지며 나가야 할 것이다. 이제 세계는 한 가족으로서의 이웃이기를 바라는 이 기점에서 더욱 수은 선생의 유덕이 찬연하게 빛나기를 축원함과 동시에 본서의 출판을 쾌히 응낙해 주신 양영각(養英閣) 안종현(安鍾鉉) 사장님께 깊이 감사의 뜻을 표하는 바이다.

1984년 5월 5일
역자 이을호 씀

현암 이을호 전서

1책 『다산경학사상 연구』
2책 『다산역학 연구 Ⅰ』
3책 『다산역학 연구 Ⅱ』
4책 『다산의 생애와 사상』
5책 『다산학 입문』
6책 『다산학 각론』
7책 『다산학 강의』
8책 『다산학 제요』
9책 『목민심서』
10책 『한국실학사상 연구』
11책 『한사상 총론』
12책 『한국철학사 총설』
13책 『개신유학 각론』
14책 『한글 중용·대학』
15책 『한글 논어』
16책 『한글 맹자』
17책 『논어고금주 연구』
18책 『사상의학 원론』
19책 『의학론』
20책 『생명론』
21책 『한국문화의 인식』
22책 『한국전통문화와 호남』
23책 『국역 간양록』
24책 『다산학 소론과 비평』
25책 『현암 수상록』
26책 『인간 이을호』
27책 『현암 이을호 연구』

국역 간양록
목 차

간행사 _ 5
일러두기 _ 8
서문 _ 9

1. 적국에서 임금께 올리는 글[賊中封疏]

2. 적국의 이모저모[賊中聞見錄]

1) 왜국의 관제[倭國百官圖] _ 65
2) 왜국 지리와 풍물[倭國八道六十六州圖] _ 68
3) 왜장들의 인물[壬辰丁酉入寇諸倭將數] _ 93

3. 포로들에게 알리는 격문[告俘人檄]

4. 승정원에 나아가 여쭌 글[詣承政院啓辭]

5. 환란 생활의 기록[涉亂事迹]

끝말[跋] _ 203
수은(睡隱) 강항선생(姜沆先生) 연보(年譜) _ 206

발문 _ 213
편집 후기 _ 216
『현암 이을호 전서』27책 개요 _ 218

적국에서 임금께 올리는 글[賊中封疏]

선무랑전수형조좌랑(宣務郎前守刑曹佐郎) 신(臣) 강항(姜沆)은 목욕재계(沐浴齋戒)하고 백배(百拜)한 후 서쪽을 향하여 통곡하면서 삼가 정륜입극(正倫立極) 성덕홍열대왕(盛德弘烈大王) 주상전하(主上殿下)께 엎드려 아뢰나이다.

소신이 지난 해 정유년(1597 A.D)에 분호조참판(分戶曹參判) 이광정(李光庭)의 휘하에서 호남 지방의 군량을 수집하여 양총병(楊總兵, 명나라 장군의 이름)에게 보내 주도록 애쓰고 있을 무렵에 양곡의 수집은 벌써 끝났으나 때마침 적의 선봉이 이미 남원을 침범한지라 광정은 그만 서울로 가 버리고 말았습니다.

소신은 순찰사종사관(巡察使從事官) 김상헌(金尙憲)과 함께 이웃 여러 고을에 격문을 띄워 의병을 모으기로 하였습니다. 나라를 걱정하는 무리들이 내달아 모여들기는 하였지만 겨우 몇 백에 지나지 않았고, 그 나마 처자를 못 잊어 되돌아서는 무리들이 많았기 때문에 곧장 해산되고 말았습니다.

소신은 이도 저도 어찌할 수 없어 가족들을 데리고 배에 올라 서해를 타고 올라가 보려고 하였습니다. 사공놈의 잘못으로 뱃길이 어굿져 갯가에서 헤매다가 불쑥 적선에 부닥치고 말았습니다. (인젠 할 수 없다.)생각이 드옵더이다. 전 가족이 온통 물속으로 뛰어들었습니다. 기슭이 얕았던 탓으로 놈들의 손아귀에 붙들리게 되었습니다. 그러나 소신의 아비만은 딴 배에 올라 혼자 빠져나가게 되었고, 분호조가 곡식을 모은 수백 통 문서는 모조리 떠내려보내고 말았습니다. 직책을 완수하지 못 한데다가 위로 조정에까지 허물을 끼친 죄를 어찌 면할 수 있사오리까!

놈들은 소신의 모습을 보고선 대뜸 벼슬아치로 여기더이다. 신이며 신의 형제 권솔들을 모조리 뱃전에다 묶어 세우더니 배를 돌려 무안현 어느 구비로 돌더이다. 거기는 놈들의 배 6, 7백 척이 몇이나 되는 바다에 가득하였고, 배 안에 실린 무리들인 즉 우리나라 남녀와 놈들의 무리가 서로 뒤섞여 울며불며 아우성치는 소리 산을 울리고 바다를 뒤흔들더이다.

순천 좌수영에 와서는 적장 좌도수(佐渡守)란 자가 나서더니 신과 신의 형 준(濬)・환(渙), 처부되는 김봉(金琫) 등 전 가족을 딴 배에 옮아 태워 저네들 고장으로 데리고 가기로 하더이다.

순천을 떠난 배가 하룻밤 하루 낮에 안골포(安骨浦)에 이르렀고, 다음날 해어름에 대마도(對馬島)에 닿자 비바람 때문에 이틀을 묵고, 다시 그 다음날 해어름에 일기도(壹岐島)에 닿았습니다. 또 다음날 해어름에 비전주(肥前州)에 닿았고, 그 다음날 해어름에는 장문주(長門洲)의 하관(下關)에 닿았습니다. 또 그 다음날 해어름에 주방연(周防淵)의 상관(上關)에 닿으니 적간관(赤間關)이라 이르는 데입니다.

그 다음날 해어름에 이예주(伊豫州)의 대진현(大津縣)에 닿게 되니 거기다가 유치하여 두기로 하더이다. 좌도란 자의 사성(私城)이 셋인데, 대진은 그 중의 하나입니다.

이 곳에 와서 본즉 우리나라 남녀의 무리들로 앞서거니 뒤서거니 놈들에게 붙들려 온 수가 아마 천은 훨씬 넘으리다. 금방 온 무리들은 떼를 지어 길거리를 헤젓고 다니면서 소리쳐 울며불며 야단법석들을 떨고, 진작 와서 있던 패들은 되돌아 갈 길이 막힌 탓이겠지요. 거의 왜놈이 다 되어 버린 성싶었습니다. 몰래 서쪽으로 빠져나가 보자고 슬쩍 그들에게 타일러 보아도 그러자는 놈은 한 놈도 없더이다.

이듬해 4월 그믐께 일입니다. 서울 대밭 거리에서 살다가 임진년에 잡혀 왔던 사람으로 왜놈의 서울에 있다가 의외로 도망질 쳐 온 사람이 있었습니다. 왜말이 아주 익숙한 사람이었는데 소신이 슬쩍 한번 서쪽으로 빠져 도망가자는 뜻을 보인즉 바로 그 사람이 한 뜻이 되어 주어 한 계책을 세우게 되었습니다. 그런데 소신은 왜말이라고는 아주 깜깜속이었기 때문에 통역을 데리지 않고서는 한 발자국도 옮겨 놓지 못할 처지였습니다. 그럭저럭하다가 5월 25일에야 밤길을 타 서쪽으로 서쪽으로 빠져 나왔습니다. 사흘을 두고 몰래 빠져나가 갯가 어느 대숲 속에 묻혀 숨어 쉬게 되었습니다. 그 때 웬 중 하나가 나이는 예순 남짓이 보이는데 폭포수에 온 몸을 드리씻고 나더니만, 바위에 올라 이울이울 조는 것을 보았습니다. 통역을 시켜 슬쩍 우리들의 온 뜻을 통해 보았던 것입니다. 그 중은

"허허 그런가 그런가!"

하더니만 우리들을 바다 건너 풍후(豊後)까지 배를 태워 건네주기로 하더이다. 우리들은 기쁨에 겨워 날뛰고 싶었습니다. 그 중의 뒤를 따라 내려오던 판입니다. 아마 열 발자국도 채 못 되었을 무렵일 것입니다. 난데없는 좌도의 부하가 병졸 몇을 데리고 앞장을 질러

나타나지 않겠습니까? 우리들이 도망가는 걸 알고서 억지로 대진성에 되끌고 와버렸으니, 이 일이 있은 뒤로는 그들의 방비와 감시가 더욱 엄해진 것은 물론입니다.

금산 출석사(出石寺)에 호인(好仁)이란 중이 있었는데, 그는 문필도 넉넉한 사람이었습니다. 우리들의 사정을 가엾이 여겨 언제나 따뜻이 대하여 주는 고마운 사람이었습니다. 그가 제 나라 사적에 관한 문헌을 서슴지 않고 보여주었는데, 그 안에는 지리며 관제며 샅샅이 기록되어 있었습니다. 신은 돌아 와서 바로 이를 모조리 옮아 베끼었습니다. 또 좌도의 아비 백운(白雲)이가 가지고 있는 제 나라 지도도 꽤 자세한 것이란 말을 듣고 통역을 시켜 이를 본떠 오도록 하였습니다.

거기다가 신이 실지로 본 왜국 형세와 우리나라의 국방 대책과를 서로 비교하여 가지고 군데군데 어리석은 소견이나마 첨가하여 놓았습니다.

오! 전쟁에 패한 장군이라면 그는 차마 용사의 이야기를 할 수 없을 것인데, 하물며 한낱 적국의 포로가 되어 하찮은 목숨으로 죽지 못해 사는 소신이 어찌 붓을 들어 감히 국난 타개의 득실을 이야기할 수 있아오리까! 외람된 죄에서 벗어 날 길이 없는 줄을 잘 알고 있사오나, 그러나 옛 사람들의 일을 생각하여 보면 죽음을 무릅쓰고 바른 말을 아뢴 그런 사람이 있었고, 숨질 때까지 국가 경륜을 사뢰어 올리던 이도 있었으니 진실로 국가를 위하여 이로울 일이라면 그가 죄인이래서 그를 버려서는 안 될 것입니다. 고래가 물을 뿜는 만리 밖 아득한 고장의 일이라 겹겹이 쌓인 구중 궁궐 안에서 행여나 놈들의 간사한 속임수를 밝히지 못하실까 저어하오며, 경계선을 지나 드나드는 길이란 설렁설렁 바를 뿐 아니라 조사와 방비가 엄하고 딱딱해서 얻어 가는 게 그리 시원치 않고, 잡혀 왔다가 도망질 쳐가는 무리들이란 거개 무식한 놈팽이가 많아서 콩과 팥을 못 가리는 자들이 태반입니다. 그들이 듣고 보았다는 건 거의가 단편적인 것뿐입니다. 그러기 때문에 서투른 솜씨인 것도 불구하고 이제 왜중이 준 책 가운데에 가명(假名, 가나)로 된 부분만은 우리나라 한글로 고쳐 베끼고 또 주석을 달았습니다. 놈들의 간첩을 찾아내고 투항하여 온 포로들을 신문하는 데 참고가 될까 하여서 입니다. 울산 사람 김석복(金石福)은 저는 본래 도원수 권율(權慄)의 집안 종이었더라고 합니다. 계사년(1593 A.D) 가을에 잡혀 와서 이내 이 예주에서 살고 있었습니다. 많은 돈을 주어 왜선 한 척을 세 얻어 귀국을 도모한다기로 신이 바로 그 등사물 일체를 부쳐 보내기로 합니다. 다행히 이 사람의 앞길에 아무런 지장이 없이 이 책을 성상 전하께서 보시게만 된다면, 거친 왜놈의 땅이 비록 아득한 바다 저 건너에 있다고 하더라도 놈들의 뱃장이 그대로 환히 성상 전하의 앞에 나타나게 되오리다. 변사 많기로 왜놈 따위에 더 덮을 흉물이 없지만 놈들도

"만 리 밖 소식을 어쩌면 그렇게도 잘 아실까?"

하오리다. 그뿐 아니라 놈들을 막아내고 놈들을 붙잡고 응대하시올 제 얼마쯤의 도움이 있으실 것을 믿사옵니다.

왜적이 그 해 8월 초 8일에 우리들을 다른 곳으로 옮기기로 하였습니다. 9월 11일에는 대판성(大坂城)까지 오게 되었는데, 와서 본즉 왜적의 괴수 수길(秀吉)이는 지난 7월 17일에 이미 죽고 없었습니다. 대판은 왜놈의 서녘 서울입니다. 며칠 묵다가 또다시 복견성(伏見城)으로 옮아갔습니다. 복견은 왜놈의 새 서울입니다. 적의 괴수는 이미 죽고 놈들의 정상도 전날과는 아주 달라 보였습니다. 혹시나 우

리나라의 모든 계획이 이 기회를 놓칠까 싶어서 포로로 잡혀와서 왜놈의 서울에 있는 선비들과 함께 동래의 김우정(金禹鼎)이며 진주 강사준(姜士俊) 같은 사람들이 조석 끓일 밥쌀을 걷어 모아 각기 은전 한 푼씩을 마련하여 가지고 그걸로 아주 왜말이 능란하여 딴 나라 사람 같아 보이지 않는 통역 한 사람을 골라 노자와 배만을 주어 바다를 건너보내기로 하였던 것인데, 아직 미처 비발을 보내기도 전에 놈들은 전부 철퇴하여 버렸던 것입니다.

신은 이제 돌아가려 하되 돌아 갈 길이 아득하고 수중에는 철푼이 없습니다. 할 길 없는 몸이라 왜중에게 글씨를 팔기로 하였습니다. 그럭저럭 모은 것이 은전 오십 개가 되기에 몰래 배 한 척을 사놓고 동래 김우정과 서울 사람 신덕기(申德驥)며 진주에 사는 사공 정연수(鄭連守)와 함께 빠져나가 보기로 하였습니다. 신과 형 환과 처부 김봉 등은 아직 미처 나서지 않았고, 형 준이 사공과 통역을 데리고 뱃머리까지 나왔을 적에 그 때 갯가에 사는 어느 왜놈 한 놈이 그만 좌도에게 밀고하여 버렸습니다. 이에 왜적들은 졸병을 보내어 샅샅이 뒤져 잡아다가는 이십 일 동안이나 가두어 두었습니다. 그 때 통역들은 하나도 남기지 않고 모조리 죽여 버렸습니다. 남은 사람들은 여러 날만에 풀려 나오기는 하였지만, 생각하면 생각할수록 기막힐 일입니다.

이제는 더 해 볼 나위가 없습니다. 아무리 생각해도 또 다시 어찌 할 도리가 없을 성싶습니다. 소신의 정성이 모자라는 탓이 아닐까요! 왜 이다지도 마해가 많고 뿔뿔이 안 되기로만 드는 것일까요!

오! 진(秦)나라가 예(禮)를 버리자 공을 세운 중연(仲連)도 배를 띄워 동해로 건너려 하였고, 무왕(武王)이 백성을 건지려고 폭군(暴君)

을 부셨건만 백이(伯夷)는 그래도 서산(西山)에 들어가 굶어 죽었는데, 왜놈 같은 추물이 어디 있으며 이렇듯 외딴 고장이 어디 또 있으리까! 우리나라 백성들과는 이만저만한 원수입니까! 하물며 소신은 미천한 몸으로 과제에 올라 낮은 직품에 이력도 옅지마는 지난 갑오년(1594 A.D) 가을에 걸쳐 겨울에 들어서면서 은대가랑(銀臺假郎)으로 편전(便殿)에 입시하기를 스무남은 번이 됩니다. 해와 달 같으신 성상의 빛을 지척에 모시고 고분고분 이르시는 말씀에 성명까지 물으심을 받자왔습니다. 병신년 겨울에는 또 다시 상서랑(尚書郎)이 되었으니 이마에서 발끝까지 티끌 한 알만큼도 성은에 젖지 않음이 없는 몸으로 이렇듯 머나먼 이 땅 개들이나 사는 고장에 빠지고 말다니 천만번 죽어도 마땅한 몸이옵니다. 털 오래기 같은 목숨이라 아까울 것이란 아무것도 없으며 그야 한 때의 괴로움을 못 견디어 낼 바 아니오나, 이대로 쓰러져 버리면 자결하여 진구렁에 빠져 버린 셈이 되기 때문에 위로는 나라를 위하여 충절을 세우지 하고 끝장에는 죽을 고장을 골라 후세에 이름을 남길 길조차 막히어 버릴 것이 염려됩니다. 아녀자들과 함께 놈들의 칼끝에 이슬이 된다면 뉘라서 알아 줄 이 있겠습니까?

그러나 포로가 되어 후사를 도모한 분으로 옛날에 충신 열사란 문천상(文天祥), 주서(朱序) 같은 이가 있었으니 그들도 할 수 없이 당한 노릇이라 그러기에 전사(前史)에도 그들을 그르다 하지 않고, 그의 충절을 지킨 이와 같이 여기 있으니 몸은 비록 포로가 되었을지라도 정작 포로가 되지 않을 수도 있음을 저는 압니다.

옛 사람들의 만분의 일도 따를 수 없는 신과 같이 못난 사람으로도 국가에 충성을 다하겠다는 뜻이야 조금도 옛 사람들에게 지고 싶지는 않습니다. 벌레 같은 목숨이오나 아직 살아 있는 한 견마(犬馬)의 충성을 꺾을 수는 없을 것입니다. 가까스로 도망질 쳐 고국으로 돌아 온 길에 포로된 허물을 입어 처형을 받자온들 왜놈의 땅에서 죽는 이보다 나을까 하옵니다. 더구나 놈들의 정상이 이미 소신의 손안에 들었으니 이 때에 만일 이 기회를 타서 모든 것이 부족한 소신이오나 삼군을 이끌고 국가의 위력을 떨쳐 위로 종묘 사직의 치욕을 씻고, 아래로는 백성들의 애매한 죽음의 분을 풀어 주고, 그리고 나서 엎드려 죽음으로써 오늘에 구차히 살아남은 죄를 사하고 싶습니다. 그러기에 소신은 밤새 칼자루를 만지작거리며 하루를 두고도 잊지 못하는 일이옵니다.

오! 멀리 외딴 고장에 묻히었던 옛 사람들의 슬픔이란 그야 하고픈 말이 막히어 버리는 데 있는 것입니다. 다시 벼슬자리를 얻어 조정에 나서기를 바라서가 아니오라, 살아서 다시금 대마도(對馬島)를 거쳐 부산(釜山)의 한쪽 귀만이라도 바라다보게 된다면 아침에 보고 저녁에 죽는 대도 조금도 한이 없겠나이다.

왜놈들의 정상록과 적괴가 죽은 후의 놈들의 흉계를 기록하여 아울러 보내오니 전하께서는 소신이 못낫다고 해서 이 글까지를 버리지 마소서. 음양(陰陽)이 여닫고 풍우가 서로 엉클어질 때 틈틈이 이 글을 이용하여 주신다면 저윽이나 도움이 없지 않을 것을 믿사옵니다.

전하께서는 잘 살펴 주시옵기 엎드려 비나이다. 소신의 애끓는 마음이 헛되지 않기를 길이길이 엎드려 빌면서 이 글을 올리나이다.

만력(萬曆) 27년 4월 10일
왜국팔도육십육주도(倭國八道六十六州圖)

○ 아래에 다시 나온다. ○ 이 지도는 거듭 나왔고 이 아래에 실린 것이 더 자세하기로 여기서는 이를 삭제한다.

아주 오랜 옛날에 용불합존(茸不合尊)이란 자가 있었는데, 그는 사람이 아니고 천신(天神)이었다고 그들은 떠받듭니다. 그가 칼 한 자루, 구슬 한 개, 거울 하나를 가지고 일향주(日向州)로 내려 와서 일향에 도읍했다가 다시 대화(大和)로 옮겼습니다. 다시 장문주(長門州)의 풍포(豊浦)로 옮겼다가 또다시 산성주(山城州)로 옮았으니 이게 요즈음 그들의 서울입니다.

아득한 옛날부터 한 성바지만이 줄줄이 이어 내려오므로 지금까지 한 번도 바꾸어진 일이 없습니다. 신이 그들의 국사 연대와 『오처경(吾妻鏡)』(나의 잘 잘못은 바로 내 처에게 나타나며 내 처를 보면 내 잘 잘못을 알 수 있다는 데에서 이렇게 역사책의 책이름을 붙이게 되었다고 합니다)이라는 역사책을 들추어보면, 사백년 전까지는 그들의 소위 천황(天皇)이란 자도 제 판에 복록을 누리고 위신도 지켜왔습니다. 한 사람의 대신을 마련하여 국정을 보살피도록 하기는 하였으나 (대납언大納言·대정대신大政大臣·장군將軍·관백關白 따위의 벼슬아치들이 이 일을 보살폈습니다), 그러나 그는 천황의 명령을 받들어 그를 실행에 옮기는 사람일 따름이었습니다.(그들의 천황을 혹은 천존天尊이라고도 부릅니다). 관동장군(關東將軍) 원뢰조(源賴朝) 때부터 정권이 차차 관백에게로 옮게 되자 천황은 제사만을 보살피게 되었습니다. 적괴 수길(秀吉)이가 신장(信長)의 뒤를 갈음하자 그의 하는 짓이란 아주 맹랑해서 천황의 소유 토지까지를 모조리 앗아다가 제 부하들에게 찢어 나누어주었고(왕의 곁에 있던 무리들의 봉록이란 아주 적어서 겨우 몇 천석거리에 지나지 않으나, 적괴의 부하로 가강(家康), 휘원(輝元) 같은 자들의 식읍(食邑)은 8, 9주(州)나 되고 봉록은 5, 6백만 석이나 됩니다), 각 주(州)에 있는 천황의 영지에는 대관(代官)이란 벼슬아치를 두되 그 고을에 있는 제 부하들로서 대관을 겸임하게 하였고, 영지의 수입은 현금으로 바꾸어 저네들 서울로 보내서 여러 가지 비용에 쓰도록 하기는 하였지만 대관이란 자가 그 중의 삼분의 일쯤은 가로채곤 하였습니다. 그러기에 대관만 되면 으레 속살이 저절로 쩌오르게 되었던 것입니다.

그도 예전에는 백성들의 소유물을 빨아올리는 데도 염치라는 걸차릴 줄 알았기 때문에 소득의 절반쯤은 농민에게 돌려주고 하였습니다. 그러기에 농민이라도 그다지 헐벗고 굶주리는 일이 없었고, 장군이랬자 그다지 유족할 것까지도 없었습니다.

그러나 수길이가 신장을 갈음하자 마구 훑고 까부는 버릇이 생겨 논밭에서 나는 거면 꺼풀 한 오라기도 남겨 주지 않으니, 장군들의 배만은 나날이 부풀어오르고 농민들의 독 속은 언제나 텅 빈 빈탕일 뿐입니다. 옛날 섭정 벼슬은 등(藤)씨·귤(橘)씨·원(源)씨·평(平)씨의 네 성바지가 갈음갈음 지내왔습니다. 귀족은 귀족의 뒤를 잇고, 천한 놈은 천한 놈의 뒤를 이어 왔기 때문에 세도(勢道)를 부리는 성씨라도 오히려 명예와 의리를 존중하여 함부로 하지를 못하였습니다. 그러나 신장이 제 부하인 명지(明知)의 손에 죽자 수길이는 본래 종놈 바탕에서 솟구쳐 난 놈이라 대뜸 여러 대신들을 죽여 없애고, 그러고선 제라서 관백 벼슬을 차고 나섰습니다. 그리고 네 성바지를 다 저달라고 국왕께 대들었습니다. 왕의 곁에 있던 무리들은 모두 나서서 말하기를

"다른 일이야 다 공이 마음대로 하구려. 그러나 성씨만은 그럴 수 없는 거요."

이렇게 거절했습니다. 그러자 수길이는 눈살을 치로 뜨고 나와 버렸습니다. 나와서는 자칭 평(平)씨라 하고, 그 뒤에 다시 풍(豊)씨로 고쳤습니다.

요즈음의 벼슬아치들은 너 나 할 것 없이 용렬한 것들뿐이요, 게다가 수길이에게 붙어서 벼락부자, 벼락감투를 얻어 쓴 것들 뿐이라 그래도 식견이나 있는 왜중들은 중얼중얼 수군대는 것입니다. "아마도 일본이 생긴 뒤로 요새처럼 세상이 거꾸로 뒤집힌 시절은 없을게야!"

라고(적괴 수길이는 처음에는 관백이라 하더니 그 후에 다시 대합(大閤)이라 부르게 하고, 그의 양(養) 누이의 아들로 관백을 삼았더니 그 후로 누구의 말도 듣지 않고 관백과 그의 부하들을 죽여버렸다고 합니다).

진시황(秦始皇) 시절에 서복(徐福)이 동남 동녀를 거느리고 배를 띄워 바다를 건너와서 기이주(紀伊州)에 닿아 그 곳 웅야산(熊野山)에 머물렀다고 합니다. 지금도 이 산에 서복사(徐福祠)가 있고 오늘에 진(秦)씨가 그의 후손이라 합니다. 흔히 서복의 후예가 왜왕이 되었다 하지만 그야 믿기 어려운 말입니다.

왜중 진(津)이 명나라 홍무(洪武)년 때 바다를 가로질러 중원에 들려서 명태조(明太祖)를 만났습니다. 그 때 명태조가 운자를 내어 시 한 구씩을 지어 서로 주고받은 것이 있습니다.

> 웅야산 양지판에 서복사 모셨구나
> 탐스런 저 풀잎들 온 산이 약초로고
> 오늘은 물결자거니 돌아간들 어떠리.

熊野山前徐福祠 滿山藥草兩餘肥

至今海上波濤穩　直待好風須早歸

명태조는 여기에 맞추어

응야산 높은 봉밑 제사 받는 사당일세
솔뿌리에 얽힌 호박 덩이덩이 있으련만
한 번 간 서복의 배는 돌아 올 줄 몰라라.

熊野峰高血食祠　松根琥珀亦應肥
昔時徐福浮舟去　直至于今猶未歸

　홍법대사(弘法大師)는 찬기(讚岐) 지방 사람입니다. 중국을 거쳐서 인도까지 들려 불법을 연구하고 돌아 왔으니 이 나라 사람들이 온통 산 부처님처럼 떠받드는 중입니다. 그는 제 나라 사람들이 글을 잃지 못함을 딱하게 생각한 끝에 방언 같은 것을 주워 모아 왜글 가나(假名) 48자를 마련해 냈습니다. 한자(漢字)를 풀어 만든 것은 우리나라 이두(吏讀)와 비슷하고, 한자가 섞이지 않는 글자는 우리나라 한글같이 보입니다. 그들이 글자나 안다는 건 다 이 가나를 안다는 것이지 한문을 익히 안다고 할 수는 없습니다. 그러나 왜중들 가운데에는 한문에 익숙한 패들이 많고, 그들의 성품도 장군 패들보다는 좀 다른 데가 있습니다. 그들은 항상 왜놈들의 소위 장군이란 자들의 하는 짓을 비웃기가 일쑤입니다. 언젠가 어느 중이 신에게 홍법대사의 기록을 보여 주기로 그 지도의 뒷장을 떠들어 본즉 도(道)가 여덟이요, 주(州)가 66인데 일기와 대마는 그 안에 들지 않았습니다. 큰 섬[島]이 둘이요, 향(鄕, 성지城池가 있는 곳을 향이라 합니다)이 92,000이요, 촌(村)이 109,856이요, 전(田)이 899, 160정(町)이요, 밭[畠]이 112,148정 입니다. 왜놈들은 우리나라 자[尺]로 다섯 자 가량을 한 간(間)이라 하고, 55간을 1정이라 하고, 36정을 1리라 하니 그들의 1리는 우리나라의 10리만큼이나 됩니다. 관동(關東) 지방에서는 6정을 1리로 잡습니다. 그들은 수전(水田) 곧 논을 전(田)이라 하고, 산전(山田) 곧 밭을 하다께[畠]라 합니다. 절간이 2,958이고, 신궁(神宮)이 27,618입니다. 남자는 1,994,828명이요, 여자는 2,904,820명입니다. 시대를 따라 다소 좀 다르다 치더라도 대략인즉 추측할 수 있을까 합니다.

또 다음과 같은 기록도 있습니다. 일본의 동쪽 끝은 육오(陸奥)요 서쪽 끝은 비전(肥前)인데 육오에서 비전까지가 415리요, 남쪽 끝은 기이(紀伊)요 북쪽 끝은 약협(若狹)인데 기이에서 약협까지는 88리 입니다. 육오 평화천(平和泉)에서 동해(夷海) 바다까지가 30리요, 판동로(坂東路)가 180리라고 합니다. 예전에는 왜국이 우리나라보다도 작다고 보았습니다. 그러나 왜중 의안(意安)이란 자를 만났는데, 그는 왜 서울치입니다. 제 조부나 제 아비 때부터 다 중국에 유학하였고, 의안의 때에 와서는 더러 산학(算學), 천문, 지리를 풀이할 줄 알게 되었으며, 그는 기계를 만들어 해 그림자를 관측하여 천지의 둥글고 모진 것과 산천의 원근 같은 것도 알고 있는 사람이었습니다. 그는 말하기를

"임진란 때 왜인들이 조선의 토지대장(土地臺帳)을 모조리 끄집어 왔는데 일본 토지의 절반도 못되던 걸요!"

라 하였다 하니 그 사람된 품이 고지식하고 실없지 않은 것으로 그럼 직도 한 말인가 하며, 더구나 관동(關東)과 오주(奥州) 잇수로 따진다면 우리나라보다도 훨씬 크리라고 여겨집니다.

일라(日羅)는 신라(新羅) 사람입니다. 그가 왜국에 와서 대랑방(大郎

房)이란 벼슬을 살았고, 또 이 나라 사람들의 존경을 한 몸에 차지하고 살았습니다. 그가 죽자 사당을 지어 애탕산(愛宕山) 권현수신(權現守神)으로 뫼시었으니, 시방도 복받자 드는 무리들이 쌀이며 돈이며를 짊어지고 저자처럼 어순더순 쏟아져 모여듭니다. 청정(淸正) 같은 자들도 귀신이라면 사죽을 못 씁니다. 놈들의 하는 짓이란 꽤 까다로운 것 같으면서도 아주 먹모, 놈팽이 같은 짓을 예사로 하기 때문에 남들이 떠받들면 그게 어느 귀신이 되었든지 간에 복만 주면 좋다는 식으로 덤벼듭니다. 한번 미치면 다시 벗어 날 줄 모르는 그들이니 섬 속에 묻힌 개가죽 패들의 놀음이란 대 개 이런 정도입니다.

동해(東海), 동산(東山), 북해(北陸) 세 도(道)는 우리나라와의 길이 아주 멀기 때문에 임진년 이후로 침략에 참여하지 않았습니다. 기내(幾內), 산양(山陽), 산음(山陰), 동해(東海) 네 도는 갈음갈음 드나들었고, 서해(西海) 한 도는 우리나라와의 길이 아주 가까운 관계로 임진년 이후로 줄장 주둔하여 있었습니다.

임진 역(役) 때의 군졸의 수효는 161,500명이요(무장병의 수효요, 졸병들은 이 수에 들지 않았습니다), 그들 장군의 이름은 다음과 같습니다. 안예 중납언 휘원(安藝中納言輝元, 상주尙州에 있던 자), 그의 양아들 안예 재상 수원(安藝宰相秀元), 비전 납언 수가(備前納言秀家, 남별궁南別宮에 들어옴), 축전 중납언 금오(筑前中納言金吾), 증전 위문정 장성(增田衛門正長盛, 서울에 들어 온 자들), 중장 정종(中將政宗, 맨 먼저 진주晉州에 들어 온 자·애꾸눈이·날래고 싸납다), 협판중부(脇坂中敷)·장강 월중수(長崗越中守)·호전 치부대보(戶田治部大輔, 해서海西까지 왔던 자로서 집으로 가서 죽다), 석전 치부소보(石田治部少輔), 살마수 도진 병고두 의홍(薩摩守島津兵庫頭義弘), 비전주 지주

용장사(肥前州地主龍藏寺), 천야 탄정(淺野彈正), 그의 아들 천야 재경대부(淺野在京大夫), 생구 아악정(生駒雅樂正), 그의 아들 찬기수 일정(讚岐守一正), 장증아부 토우수 성친(長曾我部土佑守盛親), 봉수하 아파수 가정(峰須賀阿波守家政), 지전 이예수 수웅(池田伊豫守秀雄), 등당 좌도수(藤堂佐渡守), 대곡 형부소보(大谷刑部少輔), 가등 좌마조(加藤左馬助), 소천 좌마조(小川左馬助), 객부 병부소보(客部兵部少輔), 복고 우마조(福藁右馬助, 복고福藁는 복원福原이라고도 한다), 중천 수리대부 수성(中川修理大夫秀成), 가등 주계 청정(加藤主計淸正, 또는 호개虎介라고도 한다. 북도北道까지 들어 왔다), 소서 섭진수 행장(小西攝津守行長), 흑전 갑비수(黑田甲斐守), 모리 일기수(毛利壹岐守), 모리 민부대보 송포법인(毛利民部大輔松浦法印), 죽중 원개(竹中源介), 조천 주마두 장정(早川主馬頭長政), 양천 입귤 좌근(楊川立橘左根), 수택 지마수 정성(守澤志摩守正成), 우시 대마수 의지(羽柴對馬守義智)

정유(丁酉) 역 때에는 그 수효가 반절이 꺾여서 104,500명이요, 그들 장군의 이름은 다음과 같습니다. 안예 재상 수원(安藝宰相秀元), 비전 중납언 수가(備前中納言秀家, 능성綾城 화순和順에 들어오다), 축전 중납언 금오(筑前中納言金吾), 천야 좌경대부(淺野左京大夫), 도진 병고 의홍(島津兵庫義弘, 사천泗川에 진을 친 자), 성전 용장사(腥前龍藏寺, 그의 가신家臣 와도鍋島가 대행代行하다), 가등 주계 청정(加藤主計淸正), 소서 섭진수 행장(小西攝津守行長, 순천順天에 진을 친 자), 흑전 갑비수(黑田甲斐守), 아파수 가정(阿波守家政, 배로 무안務安까지 왔다), 생구 찬기수 일정(生狗讚岐守一正), 토좌수 성친(土佐守盛親, 나주羅州에 들어 왔다), 가등 좌마조(加藤佐馬助, 배로 무안務安까지 왔다), 복고 우마조(福藁右馬助, 배로 무안務安까지 왔다), 조천 주마두

장정(早川主馬頭長政), 중천 수리대부(中川修理大夫, 배로 무안務安까지 왔다), 모리 일기수(毛利壹岐守), 모리 민부대보(毛利民部大輔, 배로 무안務安까지 왔다), 양천 입귤 좌근(楊川立橘左根), 등당 좌도수(藤堂佐渡守, 배로 무안務安까지 왔다), 사택 지마수 정성(寺澤志摩守正成), 이예수 수웅(伊豫守秀雄, 광주光州에 들어 와서 살상과 약탈이 아주 심했다. 배로 진도珍島까지 와서 배 위에서 죽다), 원견 화천수 일직(垣見和泉守一直), 송포 법인(松浦法印), 웅곡 내장윤 직무(熊谷內藏允直茂), 우시 대마수 의지(羽柴對馬守義智), 내도수(來島守, 이순신李舜臣에게 패하여 전사한 자)

안국사(安國寺)라는 자가 있는데, 그는 휘원(輝元)에게 몸을 의탁하고 지나는 처지였습니다. 휘원이 적괴 수길이와 틈이 나서 옥신각신하는 것을 이 자가 들어서 풀어 주었기 때문에 그 공으로 수길이가 많은 토지를 주어 치하하려 하였지만, 굳이 사양한 끝에 겨우 2만석거리만을 받아 청벽을 부렸습니다. 그러던 자가 임진, 정유 두 번에 걸친 침략에 있어서는 참모로 따라 왔고,

"그 때의 전략은 다 내가 마련했는 걸!"
이라 하면서 거드럭대며 뽐냅니다.

"전에는 착실한 척하더니 웬 게 먹보 같은 짓만 하고 다녀!"
남은 중들이 비웃는 줄도 그는 아마 모르는 성싶습니다 그러나 처음부터 오늘날까지 종시 일관 평화를 주장하기는 하는 자라고 합니다. 태장로(兌長老)란 자가 있는데 글깨나 아는 척하면서 적괴에게 찰떡같이 붙어 다닙니다. 토지도 만 여 석거리나 얻어먹고 지냅니다. 신이 어느 왜중에게서 그가 적괴를 위해서 지었다는 학문기(學問記)와 심유격문답서기(沈遊擊問答書記)를 얻어 본즉 엄풍이도 이만저만

한 것이 아니었습니다.

"명(明)나라는 우리나라에 조공(朝貢)을 바치러 오려던 것이었고, 조선(朝鮮)은 못된 짓을 하기로 군사를 보내어 치려는 것이다."

따위 소리를 늘어놓았으니 정말 기막힐 일입니다. 또 안국사서당(安國寺西堂)이란 자가 있는데, 우리나라에서는 소위 현소(玄蘇)라고 부르는 자입니다. 의지(義智)의 수석 참모로 꽤 유식한 자이며, 우리나라 글자는 거의 제 손으로 만들어 냈다는 등 얼토당토 않은 소리로 우리나라를 비웃고 업수이 여기는 자라고 합니다. 전쟁에서 공을 세운 자에게는 토지로써 상을 줍니다. 식읍(食邑)이 혹은 8, 9주(州)에 뻗치기도 하고 혹은 두어 주에 뻗치기도 합니다. 단 한 주밖에 안 되는 자도 있고, 그 밑으로는 성(城) 몇 개 차지도 있고, 또 성 하나 차지도 있습니다. 아주 작은 것은 고을터를 이리저리 쪼개기도 하며, 더러는 제가 긁어모아 한 고을을 만들기도 합니다. 공을 못 세운 패들의 토지는 도로 깎아 버릴 뿐 아니라 사람으로 치지를 않기 때문에 전쟁에서 패하면 못 당할 일을 당하기 전에 자결하여 버리고 맙니다. 전지(戰地)에서 죽으면 그의 아들이나 아우가 그 직품(職品)을 가로맡게 마련입니다. 이예수 수웅(伊豫守秀雄)이 진도(珍島)에서 병사하자 그의 아들 손서랑(孫四郎)이 바로 진중에서 그의 직을 가로맡았고, 내도수(來島守)가 전라 우수영(全羅右水營)에서 전사하자 그 아우가 그의 성을 차지하고 살았습니다. 분김에 서로 엉크러져 싸우다가 원수를 아주 죽여 버리고 다시 쫓아가서 목을 자르고 배를 잘라 내 헤쳐 버리면 모두들 혀를 널름거리며 떠들어대는 것입니다.

"장부야! 장부, 사내 대장부야!"

치하하기를 마지않으며 그의 자손을 보고선

"저래가 죽음을 무릅쓰고 덤빈 그 사람의 아들이야!"

서로 사위를 삼고 며느리를 삼으려 드는 궐자들이 수두룩이 나서 는 것입니다.

장군들의 토지는 다시 공을 세운 그의 부하들에게 나누어줍니다. 부하들은 또 그 토지의 수입으로 많은 용사들을 기릅니다. 힘센 놈, 칼 쓰는 놈, 총 쏘는 놈, 활 다루는 놈, 헤엄치는 놈, 병법에 익숙한 놈, 걸음에 재빠른 놈 가지각색의 재주풀이 나부랭이들을 길러내는 데, 큰 주(州)라면 그 수효가 몇 만이 넘고 작은 주라도 몇 천명씩은 됩니다. 어쩌다가 전쟁이 벌어지면 적괴는 여러 장군들에게 명령을 내리고, 장군들은 그들의 부하에게 명령하고, 부하들은 또 그들의 졸병들에게 줄줄이 명령을 내립니다. 이렇듯 장졸들이 떼죽으로 모 여들어 어디서 잡아 쓰나 군졸의 부족을 느끼는 일이 없고, 농민들 은 항상 밭고랑에 붙어서 군량을 마련하여 낼 여유를 얻게 됩니다.

한 장군에게는 언제나 그에게 따른 직속 부하가 있고, 또 그들의 전속 군졸들이 줄줄이 딸려 있기 때문에 급한 때를 당하더라도 허둥 지둥 군졸들을 뽑아내는 폐단이 없고, 한 주의 곡식으로 넉넉히 한 주의 군량을 보급하고도 남기 때문에 군량이 모자라서 억지 짓을 할 일도 없는 것입니다. 이러한 제도가 비록 섬나라 왜놈들의 제도라 하더라도 언제나 군율이 짜이고 훈련이 버젓하기 때문에 군사를 움 직이는 고장에 공은 저절로 따라 온다는 그런 결과를 빚어내게 되는 것입니다. 신은 엎드려 우리나라의 형편을 살펴보건대 평소에 인재 를 기른 일도 없고, 평소에 백성을 가르친 일도 없습니다. 임란이 일 어나자 농민들을 긁어모아 싸움터로 몰아세우니, 그나마 권리나 있 고 돈푼이나 있으면 뇌물을 먹이느니 권력을 떠세하느니 갖은 방법으로 다 뺏고, 헐벗고 힘없는 백성들만을 싸움터로 내몰게 마련입니다. 더구나 한 장군이랬자 제 직속 군들이 없고, 졸병들에게도 저네들 통솔자가 일정하지 않습니다. 한 고을 백성으로 절반은 순찰사(巡察使)에게 속하고 절반은 절도사(節度使)에게 속하기도 하며, 한 졸병의 몸으로 아침에는 순찰사에게 붙었다가 저녁녘에는 도원수(都元帥)를 따르게 되니, 장졸이 자주 바뀌고 소나기처럼 내닫는 명령을 어느 겨를에 이루 다 받들기 어려운 판이라 누가 어른인지 갈피를 못 잡고 어리둥절 갈팡질팡하는 그들을 죽음터로 몰아 세워 적들의 된 목을 무찔러 내라고 어떻게 말할 수 있겠습니까?

뭐니뭐니하는 기관은 너무도 많아서 정령(政令)이 한 골수로 되지 못하기 때문에 한 주현(州縣)의 사졸들을 모조리 뽑아 세우고 한 주현의 창고를 모조리 옮아다 놓아도 적병이 한번 내몰아 오기가 바쁘게 수령(守令)된 자 텅 빈 성만을 부둥켜 쥐게 되니, 장량(張良), 한신(韓信), 유비(劉備), 악비(岳飛) 같은 명장들이 오늘에 다시 살아난다 치더라도 삼십육계 도망질치지 않을 수 없을 것입니다.

이복남(李福男)이 아침에 남원부사(南原府使)였다가 저녁녘에 나주목사(羅州牧使)로 전출이니, 오늘에 방어사(防禦使)였던 그가 내일에 절도사가 된다는 것도 안 될 말입니다.

"그 사람이 방어사라니 될 말인가."

그래서 바꾸자던 그 사람이면 어떻게 절도사 구실은 할 수 있단 말입니까?

"절도사 구실은 할 수 있을 게야."

그렇거든 방어사를 그만 두게 할 것까지야 없지 않습니까? 군문 장교의 이동이 너무 잦으면 사졸들의 기분이 흐지부지하여 그들의 대장 보기를 빈 성 쳐다보듯 할 터이니 어디 졸연간 밀려오는 적병을 막아내자 몰아세울 재주가 있겠습니까?

이순신(李舜臣)은 물목을 막자던 우리의 수로 대장이었는데, 그의 잘못이 아직 뚜렷이 나타나기도 전에 이렇다 할 한 마디 말도 없이 잡아 올려 죄인을 만들고, 원균(元均)으로 하여금 그를 대신하게 한 것은 잘못입니다.

임진년에 포로가 되었던 사람으로 왜적을 따라 싸움에 참가했던 사람들 모두들 말하기를

"경유년 7월 15일의 일이다. 왜장이 총포수 몇 사람을 뽑아 배를 태워 우리나라 병선들의 동정을 살피게 한즉 배마다 모조리 조는 굿이요 들리느니 온통 콧소리 뿐이라, 공포를 두어 방 퉁퉁 쏘았더니 이것 봐! 닻을 끊는다, 노를 젓는다 어쩔 줄을 모르고 놀라 날뛰는 꼴이란! 그만 적병이 냅다 미는 판에 한산(閑山)목이 무너지고 말았다. 왜선이 그 길로 대뜸 서해를 타고 올라가자 들었다. 그러나 전라우수영 목에서 가로막히지 않았나! 거기는 우리 이순신(李舜臣)장군이 막아내던 곳이다. 배 여나무 척으로 악전고투하여 막아 내려던 곳이야! 그 때 왜장 내도수(來島守)가 전몰하고 민부대부(民部大夫)는 물살에 채어 떠내려 가다가 겨우 죽음을 면하였지만, 졸막동이 장군 부스러기들은 여럿이 죽었던 것이다."

이런 이야기를 듣고 보면 원균의 몰상 없는 통솔력이 어떤가. 이순신이 적은 수로 많은 적들을 막아내던 그런 역량은 짐작하고도 남음이 있을까 합니다.

한산(閑山)목이 무너지자 적병은 벌써 호남을 짓밟았고, 마침 그 때는 순사(巡使) 박홍로(朴弘老)를 갈아내고 새로이 황신(黃愼)을 내세

웠으니 아무래도 잘한 일은 못 됩니다. 홍로는 사직하고 황신은 아직 부임하지 못한 그 새에 영문 군졸들은 뿔뿔이 흩어져 수습할 길이 없었고, 한 번 흩어진 군졸들은 어디다 모일 데조차 없었습니다. 그러기에 멋대로 쏟아지는 적병들의 행패는 무인지경으로 내닫는 것 같았습니다. 아마 병란이 일어난 이후로 팔도강산에 호남지방처럼 그 피해가 컸던 고장이 없는 것은 한 도를 통틀어 주인이 없었던 까닭인 것입니다.

한산섬이 무너지자 적병은 벌써 남원을 침범한 그 때에도 오응태(吳應台)가 전라 방어사가 되었고, 김경로(金敬老)가 전라 조방장(助防將)이 되었으니 그도 잘못입니다. 그 때 소신은 담양부(潭陽府)에 있었는데 경로 등이 임명은 받았으나 휘하에 한 사람의 병졸도 없었고, 적병의 움직임이 급한지라 어느 쨈에 모병할 겨를도 없으므로 말 한 필에 몸을 의지한 그는 심부름꾼 두 사람을 순찰사에게서 얻어 가지고 허덕허덕 복병 있는 곳을 찾아든 형편임을 보았습니다. 이런 시절에 있어서는 곽자의(郭子儀) 같은 사람이 나선다 하더라도 어찌할 도리가 없었을 것입니다. 조정에서는 관리 한 사람을 바꾸고 사신 한 사람을 보내는 일이 그리 대단찮은 일같이 보이나, 그러나 죄 없는 백성들이 흉적의 칼 끝에 쓰러진다면 그 어찌 대단한 일이 아니오리까? 종묘 사직의 안위가 적의 수중에 매달리게 되는 일이 어찌 대단한 일이 아니오리까? 엎드려 바라건대 전하께서는 벽지에 수령 한 사람을 보내는 일이거나 바꾸는 일 일지라도 신중히 하셔야 합니다. 문관(文官)이니 무관(武官)이니에 국한하지도 마시고, 자격이 있느니 없느니로 준례를 삼지도 마셔야 합니다. 미생(尾生)의 신의와 얌전한 행실 같은 것은 묻잘 것까지도 없사오며, 우람한 권력가의 집안에서 골라서도 안 됩니다. 역량이 있고 담보가 있는 인물을 고르되 왜놈들과의 실전에서 군공을 세운 이로 호남과 영남 지방의 변장(邊將)을 삼아야 합니다.

해안 지대에 있어서 적과 마주칠 듯한 곳에는 백리만큼 띄워서 한 개의 진(鎭)을 만들고, 그 둘레의 여러 고을을 덜어다가 이 진을 에워싸게 하십시오. 아비의 뒤는 아들이 잇도록 하는데, 송태조(宋太祖)가 곽진(郭進)을 서산(西山)에 12년간 두었고 반미(潘美)를 안문(雁門)에 15년간 맡기어두듯 하여야 합니다. 공이 있으면 등급만 올려주고 허물이 있으면 자격만을 깎아 버리십시오. 중상 모략이 한아름 들어온다 하더라도 그가 실전에서 패하여 성을 빼앗기는 일이 있어야만 그 때 그를 처벌하십시오. 큰 공을 세우거든 작위(爵位)를 높이고 관급(官級)을 옮기되 당(唐)나라 검교(檢校)나 사공(司空)의 예를 따르시고, 송(宋)나라 사신(使臣)이나 재상(宰相)에게 하듯 하여 평생을 두고도 제 진을 떠나지 않도록 하십시오. 그리하여 관하 백성들을 지도 훈련하는 일은 다 그이에게 일임하고, 지방 세곡은 우선적으로 군량에 충당하게 하도록 하여야 합니다.

절대로 남은 기관에서 덤벼들어 변진(邊鎭)의 사졸과 양곡을 앗아가지 못하도록 하여야 합니다. 변장들은 매일같이 사졸들을 훈련하고 기계를 사들이고 군함을 수리하고 성터를 치닥거리하는데 전력을 기울이고 있다가 만일 위급한 정세에 부닥치는 일이 생기게 되면 수장(守將)이 몸소 부하를 거느리고 나가서 서로 돕고 응원하여 힘을 합치면 군량은 넉넉하여 쓰고도 남을 것이며, 장졸들도 서로 신임하여 규모는 저절로 짜이게 되며, 권력이 또한 손에 쥐게 됨으로 해서 임시 변통으로 허둥지둥 하는 따위의 걱정은 자연 덜게 될 것입니다.

그리고 또 하나 생각하여야 할 것은 집간을 꾸미고, 옷벌을 장만하고, 처자를 거느리고 하는 따위의 일은 인정상 어찌할 수 없는 일인 것입니다. 제 아무리 처사(處士)인 척하는 위인도 그 점에 있어서는 한 수를 노아야 하는데, 항차 무변(武辨)에 있어서이겠습니까?

우리나라 변지의 장군들은 거의 졸병들의 손에 얻어먹게 마련이니 긁고 훑고 하지 않을 재주가 있겠습니까?

다도해(多島海) 언저리의 땅은 기름지고 살찌며, 고기며 소금이며 이루 다 헤아릴 수 없으리만큼 풍성풍성한 곳이라 이런 고장은 갯가 왈자들이 가로채 버티고 살고 있는 수가 많으며, 경난을 한번 치르고 나면 갯가 옛 고을의 터전은 텅 비고 말기 때문에 문전 옥답에 갈대만 우수수한 그 틈을 타서 덤벼드는 왈패 어른들이 임자 잃은 땅과 주인 없는 집간을 지키고 있는 무리들을 꾀이고 위협하여 제 것을 만듭니다. 게다가 순박한 농민이나 도망질 친 군졸들을 모아다가 이를 갈아엎고 뒤집고 씨를 뿌리게 하고 있는 판속입니다. 이들을 증발하려 하되 관리랍신 어른들도 어쩔 도리 없이 멍하니 쳐다만 보고 있다간 적군이 한 번 몰아온다는 소문이 나면 바쁘게 이리저리 도망하는 굿이니, 이 나라 백성으로 이처럼 괴로운 시절은 다시 또 없을 것입니다.

엎드려 바라옵건대 전하께서는 관리들을 잘 단속하시사 갯가 여러 섬 둘레에 질펀히 흩어져 있는 어장이며 소금벌이며 기름진 땅이며 갯가에 잡초만이 우거진 그런 논밭 고장을 군공이 뚜렷한 변장들에게 나누어주게 하여 그들의 식읍(食邑)으로 삼게 하시고, 그리고 유민들은 모아다가 이 땅을 갈아 엎게 하며, 그 중에서 청년들을 뽑아서 군인으로 만들고 토지의 수입으로는 군량에 충당하게 하여 당대뿐만 아니라 그들의 자손에게까지 이 일을 전장하게 한다면, 장군 한 몸의 부귀가 이에 달릴 뿐만이 아니라 자손 만대의 복록이 또한 이에 매달리게 될 것이므로 지키거나 싸우거나 모두가 저를 위하고 제 일로 알고 나서게 될 것이라 군졸들도 넉넉하고 군량도 넉넉하여 백성들의 살길도 열리고 나라가 뒤엎어질 염려도 자연 해소될 것입니다. 이렇게 되어야만 성을 지키라 몰아세울 수 있으며, 이렇게 되어야만 적을 막아내라 몰아세울 수 있을 것이니 성을 지켜 낼 수만 있다면 한 뙈기 토지쯤 아낄 게 어디 있으며, 적을 막아 낼 수만 있다면 가난한 것쯤이야 못 참을 것도 없을까 합니다.

소신은 엎드려 우리나라의 형편을 듣자옵건대 평소에 영남지방의 세곡은 거의 동래(東萊), 부산(釜山)으로 실어 내다가 왜국 사신들의 오고가는 치닥거리에 써 버린다니! 신이 이 곳에 포로로 잡혀 와서 어떤 중에게서 자세히 들은 바가 있습니다. 평시에 있어서 소위 왜사(倭使)란 자들은 다 대마도직이가 보낸 개인인 것이요, 소위 왜국서(倭國書)란 것은 다 대마도직이의 거짓 수작이니 저희들 본국 사람들은 이를 전연 모를 뿐 아니라 가까운 일기·비전 등지의 여러 장군들도 까막속인 것입니다. 대마도란 데는 본래 논이란 한 뙈기도 없는 고장이기 때문에 우리나라를 속여 우리나라에서 주는 쌀을 앗아다가 공사간(公私間)의 소비에 충당하고 있습니다. 김성일(金誠一) 일행이 왔을 적에 어느 왜중 하나가 이런 사정을 우리나라 통역에게서 듣고 그들의 속임수를 일러주려 한즉, 대마도 통역이란 자가 진상이 들추어 날까 염려해서

"저리 비켜! 저리 비켜!"

손을 저으며 몰아내더란 이야기가 있습니다. 이번 전란의 꼬투리

는 다 의지(義智, 대마도적이)의 수작에서 나온 것이니, 섭진수 행장 (攝津守行長)은 의지의 장인입니다. 의지는 적괴에게 직접 고자질할 수가 없기 때문에 행장을 시켜서 우리나라의 실정을 알리게 하고, 행장은 이 일을 가로맡아 차고 나선 것이니 그들의 군사는 줄줄이 참화를 입어 죽어 나자빠진 수효만도 상당하기 때문에 왜놈들 저희 들끼리도 원한이 뼈에 젖게 된 것입니다. 그러기에 저희들끼리도

"이번 일은 섭진수 행장(行長)이란 놈의 수작이야!"

욕지꺼리를 할 뿐 아니라 괴팍스런 청정 같은 자도

"조선의 병란을 일으킨 자는 섭진수란 놈이야!"

분통터지는 소리를 합니다.

행장은 우리나라와의 결말이 언제 날는지 아득하기도 하고 그대 로 철병하는 날에는 우리나라가 의지를 내리칠 뿐 아니라 서로 주고 받던 길이 아주 막혀 버릴 것이 염려가 되므로, 애써 화해하려고 덤 벼드는 것은 실상은 의지를 위해서 그런 것입니다.

기막힐 일입니다. 한 도(道) 민생의 고혈을 뽑아다가 흉칙망칙한 저 놈들 되놈들의 배때기를 채워주고, 그러고도 이렇게 감쪽같이 속 고만 앉았으니까 말입니다. 우에로 바치는 세금을 좀 덜어다가 변장 들의 옹색을 덜게 마련하여 주면 오죽이나 좋겠습니까?

그들의 성터는 이렇습니다. 외진 산꼭지나 동떨어진 강기슭이나 바닷가에 자리를 잡고, 산꼭지를 골라서 네 귀를 깎아 내리고 매끄 럽게 다듬어서 원숭이 재주로도 오르내리지 못하게 합니다. 성터는 넓직이 잡되 위는 뾰죽하게 만들고, 네 귀에 높직이 집을 지어 맨 위 는 3층이나 되되 그 안에 주장(主將)의 자리가 있습니다. 군량이나 군기의 창고도 다 이 집안에다 둡니다. 문도 하나, 길도 하나니 드나

드는 데는 외통수입니다. 문안에는 자갈을 실어다 쌓아 놓고, 성 밖으로는 길 높이의 담을 둘러칩니다. 담 비탈에는 군데군데 띄워서 총구멍을 뚫어 놓고, 담밖에는 또 깊이 여나무길이나 되는 둠벙을 둘러 파고 그 안으로 강물을 끌어다가 후북이 넣어 둡니다. 이 둠벙 밖으로 다시 나무 울을 만듭니다. 강이나 바닷가이면 뭇 배를 모아다가 줄줄이 늘어놓고, 성 둘레 백성들을 시켜 늘상 물놀이를 일삼게 할 뿐 아니라 날랜 군졸들을 걷어다가 둘레둘레 에워싸 살게 마련입니다.

이렇게 만드는 이유를 물어 보면

"외진 산꼭지일 것 같으면 내려다보기는 좋되 기어오르기는 어려울 것이며, 총알이나 화살을 내리 쏘기는 쉽되 치쏘기는 어려울 것입니다. 강기슭이나 바닷가일 것 같으면 한쪽만 막아내도 되기 때문에 힘 절반으로 공은 배나 이룰 수 있을 것입니다. 성터를 넓직이 잡는 것은 헐어 적기 어렵게 하기 위해서요, 위를 뾰죽하게 하는 것은 내려다보기 좋게 하기 위해서 입니다. 문과 길을 외통수로 만든 것은 막아내는 데 서로 갈리지 않게 하기 위해서요, 문안에다가 자갈을 모아 두는 것은 늙고 젊고 간에 집어던지기 쉽게 하기 위해서 입니다. 떼 배를 늘어놓는 것은 물 목을 막아내자는 것이요, 백성들에게 날마다 물놀이를 시키는 것은 물싸움을 익히게 하기 위해서 입니다. 날랜 군졸들을 모아다가 성 둘레에서 살게 하는 것은 위급한 경란이라도 손쉽게 치뤄 낼 수 있게 하기 위해서 입니다."

이렇게 대답합니다.

그런데 우리나라의 성터는 이 자들의 것과는 아주 딴 판이니, 정유년 싸움에 이 자들이 호남 지방에 들어 와서 여러 성터를 구경하고

"저게 그래 성이야!"

흐리터분한 품을 보고 비웃지 않은 자가 없었습니다. 그러나 담양 (潭陽)의 금성(金城)과 나주(羅州)의 금성(錦城)을 보고는

"조선 사람들이 한사코 지켜 냈더라면 우리들은 해낼 길이 없었 을 것이야!"

라 하였다고 합니다. 이런 이야기는 다 신이 직접 왜놈들을 따라 갔던 통역들에게서 들은 이야기입니다. 소신의 생각으로는 우리나라 산성(山城)의 형세는 좋으나 읍터와 거리가 너무 먼 까닭에 급한 판 이라야만 그 때야 성안 백성들을 끌고 산성으로 내달음질 치게 합니 다. 그러나 정세가 좀 풀리는 것을 보면 미욱한 백성들이라 살림을 못 잊어 멀고 험한 것을 핑계로 다시 더듬어 올라 가려하지 않고, 적 군의 무리가 코앞에까지 밀고 오면 그 때에야 늙은이, 어린애 할 것 없이 산으로 들로 이리 쫓기고 저리 숨고 야단법석을 떨게 되어 명 령 계통이 설 까닭도 없으니 어떻게 이웃 고을로 몰아쳐 합세할 재 주가 있습니까? 요즈음 호남과 영남 지방의 성이며 읍터는 모조리 헐리우고 부서져 폐허가 되었으니, 차라리 이 기회를 타서 담양부(潭 陽府)는 금성산성(金城山城)으로 옮겨 새로 건설하기로 하되 가까운 여러 이웃 고을을 털어다가 이 성을 키우고, 그 근처에서 사는 백성 들이나 벼슬아치들을 모조리 이 성 안으로 몰아 세워 함께 살게 합 니다. 살림살이의 반은 밭에다 두고 반은 읍안에다 둔다는 옛 제도 를 본떠 농사철에는 처자들을 성안에다 남겨 두고 일터인 들 밖으로 나가 밭갈이하게 하며, 타작철에는 들 밖에서 걷어 들여 가지고 성 안으로 모두게 하며, 주장(主將)된 사람은 농사의 빈틈을 타서 성터 를 치닥거리 하되 적병이 몰아오면 그 사람들과 그 성으로 이를 막

아내게 하여야 할 것입니다.

성주(城主)되는 사람은 원만하고 통솔력 있고 재주 있고 문무가 겸비한 그런 인재를 데려다 앉혀야 합니다. 그런 사람을 물색하여 책임을 아주 딱 지워주되, 마음 놓고 꾸준히 제일에 정진하도록 마련하여 주어야 합니다. 마치 변장들에게 하여 주듯 성주도 마찬가지입니다. 혹 영감(令監)이니, 병사(兵使)를 보내어 진중에 머물러 있게 하는 것은 무방합니다. 정읍(井邑), 장성(長城)은 입암(笠巖)으로 옮기고 동복(同福), 창평(昌平)은 옹성(甕城)으로 옮기되, 금성(金城)의 예를 따르면 될 것입니다. 그리하여 영남지방(嶺南地方) 여러 산성도 이런 투로 새로 쌓아서 겹겹이 서로 바라다보게 만들며, 이쪽저쪽이 서로 힘을 섞어 물샐틈없이 만들어 놓고 보면 놈들도 감히 전처럼 섣불리 덤벼들 생각을 못 가질 것입니다.

어떤 사람은 이렇게도 말합니다.

"길이 험하고 멀어서 곡식을 사들이고 푸는데 불편이 많으므로 옛날 사창(社倉)에서 내고 들이는 그런 제도를 살려서 가까운 고장의 것은 바로 읍성으로 들여오게 하고, 길이 멀면 사창으로 가져오게 하였다가 성안 곡식은 군량에 충당하고 사창 곡식은 민간 식량에 충당하는 것도 좋을까 합니다."

라는 의견입니다. 호남지방에 있어서 흥덕(興德), 고부(古阜) 두 성만은 형세가 무던하지만, 이 고을 수령이나 백성들은 읍성이 싫다하고 산성으로만 들어가 정말 급한 판에는 이도저도 다 팽개쳐 버리니 딱할 노릇입니다.

바닷가를 둘러서 띄엄띄엄 보루(堡壘)를 만들어 두는 것은 급보를 알리는 봉화(烽火)의 연락이거나 수로 방비에 없지 못할 시설이기 때문인데 이게 되려 폐단이 우심하여 애들 장난같이 되어 버렸으니 어찌합니까? 첨사(僉使)니, 만호(萬戶)니는 돈만 받아 처먹고 문서를 닦아 죄다 죽어 버린 양으로 꾸며 놓으니 말입니다. 정작 난리가 나면 해병 수졸이라고는 한 놈도 없이 텅 빈 성에 찬바람만 휘돌게 되니 웃지도 못할 일입니다. 더구나 영암(靈岩) 백성들을 해남(海南) 포구에서의 싸움에 참가케 하고 보성(寶城) 사람을 실어다가 순천(順天) 보루를 지키게 마련이니, 오며 가며 당하는 고생이야 더 말할 나위도 없지만 이리 핑기고 저리 도망가는 징용패들을 뉘 재주로 찾아내고 뉘 재주로 잡아 올 수 있겠습니까?

차라리 갯가 졸막졸막한 보루들은 모조리 덜어 버리고, 갯가에 있는 고을들은 연변 중요한 고장으로 한데 뭉쳐 놓되 보루를 지키는 군졸들도 다 이 고을에 소속시키도록 하고, 이 고을 백성들로 하여금 그들의 고장을 지켜 내게 하여야 합니다. 수비 군졸들은 방비 훈련 이외의 잡역으로 괴롭혀서는 안 됩니다. 또한 갯가 물싸움 이외의 흐리터분한 일거리를 맡겨도 안 됩니다. 평상시에는 전함을 만들어 바다에 띄워 놓고 성 밑에 백성들이나 수비군들을 가릴 것 없이 한데 모아 번갈아 병기 사용법이며 물싸움의 훈련을 철저히 하되, 변란이 일어나면 휩쓸어 통제사(統制使)의 지휘 하에 들게 하고 각자 맡은 바를 제가끔 수행하도록 하면 성 싸움이나 바다 싸움에 넘어질 염려는 아마 없을 것입니다.

"상(樣, 사마)"

"전(殿, 도노)"

이런 칭호를 그들은 위아래 없이 함부로 뒤섞어 씁니다. 관백이 되었거나 천한 놈이 되었거나 으레

"상"

이요

"도노"

니 되놈들의 무질서한 품이란 거개가 이렇습니다.

그들은 웬 칼을 두 자루씩이나 차고 다니는데, 긴 것 하나와 짧은 것 하나입니다. 그도 장군이 되었거나 졸막동이가 되었거나 매 한가지입니다. 자나깨나 차고만 지내니 통틀어 쌈나라 구석인 것이 분명합니다.

저네들 소위 섭정(攝政) 벼슬은 제 명에 죽는 일이 드뭅니다. 동서남북으로 서로 찢기고 잘려서 치고 박고 하는 것으로만 일을 삼으니 거저 힘센 놈만이 장떡이 아닐 수 없습니다.

적괴[수길]의 시절이 되어서는 꾀로만 부리는 법을 알게 되었습니다. 동쪽 패 여러 장군들을 복견(伏見)으로 불러 세워 새 성 하나를 쌓게 마련하고, 서쪽 패 장군들은 번갈아 우리나라를 침범하게 하였으니 이는 모두 윗사람을 범할 염의를 못 내게 하는 한 술책에서 나온 계략인 것입니다.

정유년 6월에 놈들은 거의 다 철퇴하였건만, 청정·행장·갑비수·의홍과 용장사·비전수의 별장(別將)들과 대마도수 등 십여 진만이 우리나라에 그대로 남아 있다고 합니다. 행장과 청정은 전부터 안좋은 사이었는데, 임란 이후로는 더욱 더 심해졌습니다. 적괴가 들어서 화해를 붙이자고 무던히 애는 썼지만, 그래도 그들의 사이는 풀 길이 없었습니다.

청정이 행장을 대할 때에는 으레

(이놈 봐!)

하고 눈깔을 뒤집어 쓰고 덤비지만, 행장은 항상

(왜 그러세요.)

아무렇지도 않은 양 겉으로는 태연하게 대합니다.

옛날 모사(謀士)치고는 알뜰히 신임하는 군신간의 사이일지라도, 오순도순 다정한 장군들의 사이일지라도 어떻게나 틈을 내어 서로 싸우고 서로 의심하게 만들어 놓는데, 이놈들 두 놈들이 이렇듯 으르렁 대고 있는 판에 우리나라에서는 무엇을 하고 있는지 그 틈을 타서 제풀에 싸우도록 못 만들어 놓으니 변장자(卞莊子)의 재주는 다 어디로 갔는지! 변장(邊將)들의 무능한 품도 이만저만하질 않습니다.

농민들은 칼을 못 차게 합니다. 땅을 얻어 농사를 짓되 한 뼘, 한 오라기의 땅이라도 다 벼슬아치들의 소유가 아닌 땅은 없습니다. 씨앗 한 말들이 땅이면 쌀 한 섬은 받아냅니다. 그들의 한 섬들이 우리나라 말(斗)로는 아마 스물 닷 말은 될 것입니다. 이렇게 대자니 꾸어대도 부족하고, 그래도 부족하면 자식새끼들을 몰아다가 더부살이로 부리게 합니다. 그래도 양이 안 찰 때는 감옥에다 가두어 놓고, 들볶고 치고 해서 기어이 채워 놓게 하고서야 놓아주는 심사니 배겨낼 재주가 있겠습니까?

그러기에 농민들은 풍년이 들어도 겨 차지나 될둥말둥, 산에 올라 고사리 뜯고 칡뿌리 캐다가 겨우 연명하는 그들입니다. 그러면서도 물긷고 나무 뜯어다가 상전을 받들어야 하니 불쌍한 자, 애잔한 농민뿐입니다.

제 나라 백성들을 이렇게 들볶으니 더구나 타국 사람으로 어떻게 배겨낼 수 있겠습니까? 영남 지방 사람들은 거저 지옥살이로 여길 수밖에 없습니다.

무장 병졸들이 성안에 그득하고 농민들이란 겨우 호미나 삽밖에 가진 게 없기 때문에 부득이 당하기는 당하지만 간간이 떼를 지어 성안을 부시기도 합니다. 그러기 때문에 우리나라를 침략하려던 그날부터 병력의 반절은 짜개서 제 고을을 방비하는데 쓰지 않을 수 없었던 것입니다. 이렇듯 백성들이라고 해서 섣불리 볼 수 없기 때문인 것입니다.

창, 갑옷, 깃발, 노 이런 것들은 섣불리 개운하게 만들되 외양만은 버젓하게 꾸밉니다. 군복은 흔히 범의 가죽이나 닭의 깃 등속으로 치장하고 금물, 은물을 내갈겨 초랭이 패 같은 것을 만들어 말머리에 씌우거나 낯짝에다 쓰고선 어리둥절하게 속여 내자는 수작입니다. 신은 이런 꼴을 보고서 하도 우스꽝스러워서

(저게 뭐야 별놈들도 다 보겠네.)

웃지 않을 수 없었습니다.

그런데 임진년 전란통에 뺑소니친 우리나라 군졸들의 하는 소리를 좀 들어보면

"웬 호랑이, 표범, 도깨비 패들이 한꺼번에 쏟아져 오지 않나! 정신을 차릴 수가 있어야지!"

라 하니 기막힐 일입니다. 그래 죽은 범의 가죽이나 죽은 닭의 꼬리가 사람을 잡는 법도 있으며, 나무로 만든 탈이나 나무로 만든 말머리가 사람을 잡는 법도 있는가 말입니다. 우리나라 군령(軍令)이 죽은 범, 죽은 닭 그런 따위만도 못하다고 할 수밖에 없는 일입니다. 왜놈들이란 본래 키도 작고 힘도 그리 보잘 것 없는 족속들입니다. 우리나라 장정들과 씨름을 붙여 보면 낱낱이 때려 눕혀지지 않습니까? 죽음을 무릅쓰고 덤비는 놈이라고 해서 그리 흔할 리도 없는 것

입니다. 정유년 가을부터 무술년 봄, 여름까지 그 사이에 명나라 군사에게 패한 그들의 수효는 상당히 많습니다. 마구 몰아세우면 엉엉 울면서 따라 나왔고, 더러는 슬쩍슬쩍 새 버리는 작자들도 많았습니다. 그러면 그들의 어미나 마누라를 잡아다 가두곤 해서 억지로 보내는 것이었습니다. 총 다룰 줄 안다는 놈도 열에 두서넛이나 될까, 그나마 맞치는 놈이란 몇 놈 되지도 않습니다.

그런데 이런 자들에게 패하다니! 우리나라 군졸들의 정예(精銳)와 텅하고 쏘아 재치는 그 활은 다 어디다 두었는지! 죽자 하고 싸우면 그들에게 못이길 바 없건만 원수를 못 갚다니 귀여운 자녀들의 갈 곳은 어디란 말입니까? 급기야 놈들의 손아귀에 붙들려 헛된 목숨이 죽지 못해 사는 이 사람이야 천 번 죽어 마땅하고 만 번 죽어 원통할 것 없는 처지이기는 합니다마는……

무술년 여름에 적도들은 우리나라 남해안 일대에서 철퇴하였는데, 그때 돌아 온 놈들의 소리를 들어보면

"일본 칼이란 겨우 몇 발자국 안에서밖에 맥을 못 쓰나 조선 활은 수 백보 밖까지 내뿜어 오지 않나! 조선 군사들이 기쓰고 덤비면 해볼 재주가 없을 것 같애……"

날같이 못난 그릇이 없지만 내 귀로 내 눈으로 듣고 본 그것도 있거니와 휘하에 훈련된 군졸 몇 천만 있다면 웬만한 성 하나쯤은 막아 낼 재주가 있을 것만 같았습니다.

귀순병(歸順兵)들을 죽이는 것은 아주 잘못입니다. 도의적 견지에서 뿐만이 아니라 그들의 정상을 살펴보면 어머니의 품에서 떨어지자마자 소위 장관들의 집에서 얻어먹게 마련입니다. 그러기에 고향이 어떤지, 부모 형제의 정이란 어떤 것인지 도무지 모르고 지내는

그들입니다. 한 동안 싸움터로 이리 쫓기고 저리 쓸려 다니면 처자가 있었댔자 다소곳한 맛도 다 잊고 거저 먹고 입는 것만이 그들의 전부인 것입니다. 그러므로 가정이란 장군이나 농민들만이 가질 수 있는 형편이지 일반 졸병들에게는 아무런 상관이 없는 그런 처지입니다 그들은 우리나라의 토지가 기름지고 의식(衣食)도 넉넉한 그런 사정을 잘 알고 있으며, 제 나라 구석의 법령이란 서슬이 허술하고 한시도 전쟁이 끝날 새가 없는 그런 사정도 잘 알고 있습니다. 그러므로 그들이 모여 앉으면

"조선은 정말이지 신선 나라야! 더럽네 더럽네 해도 일본같이 더러울라고!"

이런 이야기를 곁에서 듣고 슬쩍

"우리나라에서는 귀순병이라면 아주 가엾이 여겨준다. 음식이며 의복을 여늬 장군들과 같이 대우해 줄 뿐 아니라 더러는 아주 높은 벼슬자리를 주기도 한다."

그러면 눈을 동그랗게 뜨고 혀를 널름거리며

"정말이요?"

"아 그래 정말이요?"

성심으로 귀순하기를 청원하더란 이야기입니다. 신은 엎드려 우리나라의 형편을 살펴보건대 계사(癸巳), 갑오(甲午) 이후로 많은 귀순병들을 죽인 것은 사실입니다. 그들은 기왕 귀순한 그들이기 때문에 잘 달래고 잘 대우하면 슬금슬금 도망질치는 그런 일은 아마 없을 것입니다. 엎드려 바라옵건대 전하께서는 지금부터서라도 여러 장군들을 잘 단속하시사 이미 귀순하여 온 왜병들은 죽이지 말고 따뜻이 대우하되 의식도 넉넉하게 하여 주어야 합니다.

또한 통역과 귀순병들을 잡아매서 적진(敵陣) 가운데로 보내되 그들의 동료들을 꾀어 내는 공작을 시킨다면 모르면 모르되 하루에 몇 십, 몇 백 명씩은 끌어 올 것입니다. 그러면 잔털 뽑아 내듯하여 차츰차츰 적세는 부서질 것입니다. 우리의 장점으로 그 나라의 장점을 치고, 우리의 장점으로 그들의 단점을 쳐부수면 승전은 아마도 받아 놓은 밥상일 것입니다. 되놈들의 손으로 되놈들을 공격하게 만드는 것이 중국 전략의 제일 상책이라는 것입니다. 더구나 이 자들은 우리나라 장정들을 사로잡아다가 저네들 부오(部伍)로 쓰고 있는 이 판국에 있어서 제풀에 기어드는 귀순병들을 잡아 죽여

"잘한다. 잘한다."

하는 왜놈들의 비소를 사서야 되겠습니까!

(왜국팔도倭國八道 이하 여기까지는 이예주에서 기록하여 그 후 무술년에 김석복金石福편에 보낸 부분이다.)

적괴 수길이는 무술년 그믐께부터 신음하다가 여름철에 들어서는 그 병이 아주 짙어 갔습니다. 그 때 아들의 나이는 겨우 여덟 살, 그는 이제 그만이라는 것을 알아차리고 여러 장군들을 불러 후사를 고분고분 부탁하였습니다. 이런 조치를 끝내고 드디어 7월 1일에 죽었습니다. 가강(家康) 등은 발상(發喪)하기를 꺼려하여 이 놈의 죽은 사실을 꼭 덮어두기로 하였습니다. 죽은 놈의 배때기를 갈라 그 안에다 소금을 빡빡이 처넣고 아무렇지도 않은 것같이 꾸미기 위해서 평소에 입던 관복을 그대로 입혀 나무통 속에다 담아 두었습니다. 남은 장군들이랬자 한 놈도 아는 놈이 없었습니다.

그러나 8월 그믐께부터는 여기저기서 새는 말을 쓸어 덮기가 어

렵게 되었습니다. 그로 인하여 생변이 터질까 보아 두렵기도 해서 그의 죽음을 발표하기에 이르렀던 것입니다. 청정(淸正) 같은 자들은 전부터 앙앙 거리던 판이라 총뿌리를 뒤로 댈까 겁도 났던 것은 사실입니다. 그러기에 적괴의 병이 위급하다는 핑게로 불러다 놓고 한동안 그의 동정을 살펴보기로 했다고 합니다. 정유년 침략 때의 일입니다. 수길이는 출정 장병들에게 이런 엄풍이를 떨었습니다.

"사람마다 귀는 둘이요 코는 하나야! 목을 베는 대신에 조선놈의 코를 베는 것이 옳다. 병졸 한 놈이면 코 한 되씩이야! 모조리 소금으로 절여서 보내도록 하라."

이렇게 하여 적괴에게 보내도록 명령을 내려서 제 콧수를 채운 뒤에야 비로소 사로잡는 것을 허락하였다니 이러한 민족적 참변이 또다시 있겠습니까? 적괴는 산더미같이 실어 오는 코를 일일이 검사한 끝에 북문 밖 십리만큼 되는 데에다 쌓아 한 메를 만들었다니, 동포의 참변을 호소할 곳조차 없습니다. 그러나 일년이 채 못 되어 제 배때기 속에다 소금을 쳐박게 되었으니 세상일은 또 장담할 수도 없는 것입니다.

적괴가 죽은 뒤로 좌도는 우리들을 저네들 서울로 옮겨다 놓았습니다. 그 때야 비로소 가강 등이 거제도(巨濟島) 근처에 있는 군량이며, 우리나라 해안 지대에 있는 주민이며, 저잣거리 같은 것들을 모조리 쓸어모아 가지고 한 아름 배에 싣고 전부 철퇴해 왔다는 소식을 듣게 되었습니다. 그들이 철퇴한 후로 석전치부(石田治部)를 시켜 뒤에 남은 청정 등을 불러오기로 하였습니다. 그러자 얼마잖아서 비사(飛使)가 비선(飛船, 그들은 급사急使를 비사라 한다)을 타고 부산을 떠나 이레만에 왜경에 도착하였으니 이는 청정이 보낸 비발인 것이

없습니다. 와서 말하기를

"중국배[唐船], 조선병선(朝鮮兵船) 할 것 없이 서해 바다를 내리 밀고 까맣게 뒤덮어 옵니다. 왜성(倭城) 열 여섯이 거의 다 포위를 당했으니 내 목숨도 아침 저녁을 알 수 없는 판국입니다. 응원병을 곧 풀어 주지 않으면 나도 자결할 작정이요. 남의 칼에 죽을 수는 없소"

이 말을 듣고 치부도 비전(肥前) 지방에서 머뭇거리며 감히 건너지를 못했고, 가강 등도 날마다 여러 장군들을 모아 놓고 코대고 의논만 했지 어쩔 줄을 모르고 있습니다.

신은 오래오래 꿈 속 같은 세월을 보내고 있었기 때문에 이 세상 이야기를 못들은 지 벌써 여러 해가 바뀌었고, 그러므로 병가(兵家)의 기변은 소신 같은 형편으로 어찌 헤아릴 수 있으리까마는 더러는 어떻게 하면 좋을까 생각이 있는 몇몇 포로 동지들과 의논을 짜보면 모두 다 같은 생각이 한 골수로 쏠렸습니다. 그들은 말하기를

"놈들의 응원병이 바다를 건너가기 전에 급히 여러 곳 군문(軍門)에 연락을 보내되, 우리나라 구석구석에 흩어져 있는 명나라 군사들과 우리나라 여러 고을 군사들을 전부 동원하여 적진(敵陣)과는 십리 만큼 띄워서 영루(營壘)를 둘러싸고 갈음갈음 들락날락 정세(政勢)를 취하면 놈들은 싸움에 겨워 쉴 틈이 없을 것입니다. 해군은 적의 후방을 에워싸고 넓은 바다 이 구석 저 구석을 헤젓고 다니면 됩니다. 놈들의 성 밑을 공격하여 막가는 판에 허둥지둥하는 놈들의 손아귀에 할퀴거나, 우리나라 병선(兵船)이 한쪽에 교착될 우려를 피하여야 합니다. 놈들이 빠져나갈 궁기를 뚫고 도망질 칠 그 기회를 타서 그 뒤를 바짝 조여 배 한 척, 수레 한 짝도 남겨 놓지 말고 온통 물귀신을 만들어 버리면 우리나라의 원수를 톡톡이 갚게 될 것이니 이것이

제일 상책일 것입니다."

라는 것입니다. 그런데 신은 청정 등의 군사랬자 몇 천에 지나지 않고 의홍(義弘)이 거느린 수는 8,000이라 하지만 여러 해를 두고 싸운 그들이라 죽고 부상한 수효만도 반절이나 될 것이라는 이야기를 확실히 들었습니다. 벌써 수효로 따질 형편도 못되고 주객의 세력이 또한 달라졌으니 절대로 실수될 까닭이 없으리라고 믿어집니다.

청정 같은 자들은 기쓰고 싸우러 들지만 만리 타향 외로운 군사가 오래 갈 리가 없습니다. 그리고 그들의 사읍(私邑)이란 다 비전, 비후(肥後), 구주(九州) 지방에 있으니 그들의 살림살이의 온통 다 거기에 매달려 있는 셈이라 성(城)이며 백성이며 곡수, 금, 은 보화가 모두 거기에 있는데 울산(蔚山), 순천(順天)에는 무엇이 있는가! 한 뙈기 자갈밭만이 산비탈 물구비를 따라 굴러 있을 뿐입니다. 그들은 제 고을 구석에서 있는 부하들 싸움으로 주인 없는 틈에 애들 장난이 벌어지면 나갔자 소득이 없고, 물러서려 하되 의지할 곳이 없는 신세가 될 터이니 하루 빨리 돌아가고 싶은 것이 그들의 본심일 것입니다. 더구나 아무 이유 없이 슬금슬금 돌아가 버리면 돌아가 체면을 세울 길이 없고, 또 물러가는 판이라 마구 쫓길 염려도 있기 때문에 주춤하고 머뭇거리지 않을 수 없는 것입니다. 다른 놈들도 구원병을 보내 주고 싶지만, 모두 제 뒤가 돌아다 보이는 처지라 남 사정보다 제 코 다칠 염려가 있기 때문에 할 수 없이 철퇴하지 않을 수 없는 그들인 것입니다. 그러나 행장(行長)만은 잠시 의지(義智)를 위해서 본래 휴전 조약을 맺은 연후에 철퇴해야겠다는 생각을 가지고 있는 것입니다.

어떤거면 좋을까!

이놈들의 화평 요청을 거절하고 육군은 요긴한 요소요소에 주둔

하며 놈들의 응원의 길을 끊도록 할 것이며, 해군은 게릴라전을 전개하여 놈들을 괴롭히되 기진맥진하여 빠져나가는 놈들의 뒤를 쫓아 마구 대마도로 몰아 세워 놓고 거기서 철저한 소탕전을 수행하면 또다시 침략의 야욕을 못 가지게 될 것이니, 그 다음 중책(中策)이라 하겠습니다.

어쨌든 놈들은 호전국민(好戰國民)입니다. 싸움하기를 좋아하는 그들입니다.

이번 전란이 벌어진 이래 장군이나 졸병이나 간에 우리나라의 속내를 모르는 놈이 없습니다. 열에 여덟이나 아홉은 오고 가는 사이에 우리나라의 허실(虛實)과 성터의 험하고 안 한 것이며, 물산은 어디서 나는지 속속들이 알아 놓은 짬이라 입맛나자 노수 떨어진 격으로 자나 깨나 못 잊는 그들입니다. 더구나 내왕하는 거리가 가까와서 전에는 대마도수(對馬島守)가 우리나라에서 주는 걸 달콤히 받아먹고 지내는 처지라 물길이 멀고 풍랑이 거센 고장이라고 거짓부리로 대답하더니, 의지가 수길이의 환심을 사기 위하여 실지대로 고자질하니 대마도에서 부산까지가 물메로 하룻길, 일기에서 대마도까지가 또 하룻길, 비전(肥前)에 서 일기까지는 하루도 못되는 거리입니다. 시방은 아무 소리 없이 물러간다 하더라도 몇 십 년 후에는 또다시 흉칙한 마음을 품을 것입니다.

왜놈들의 성품은 맹약(盟約)을 중히 여기기는 합니다. 그러므로 조약을 맺으면 앞으로 백년쯤은 염려 없을 법도 하기는 합니다. 이제 적괴는 천벌을 받아 죽고, 가강·휘원(輝元) 등은 성심으로 평화를 희구하는 이 때인지라 이 기회를 타서

"화평을 희구하는 일이 진정으로 너희들 본국 군왕과 재상들의

뜻에서 나온 것이라면, 먼저 주둔군을 대마도 근처로 철퇴시키고 따로 대표자 한 사람을 보내라. 우리나라 변경에다 군사를 주둔시키고 있으면서 우호조약(友好條約)을 맺자는 것은 안 될 말이다. 너희들의 사신이 오기만 오면 우리는 바로 만나 줄 것이다.”

이런 통보를 내면 이놈들은 화평 바람에 몸이 달고 있는 처지인지라 하라는 대로 들을 것입니다. 이렇게만 된다면 애매한 백성들이 전란의 재화에서 풀리게 될 뿐만 아니라 되놈들에게 붙들려 왔던 죄 없는 무리들도 이젠

“어머니—”

하고 어미의 품으로 뛰어드는 어린애처럼 범의 아가리를 벗어나 고국으로 고국으로 돌아 갈 길이 트이게 될 것입니다. 이건 맨 나중 하계(下計)인 것입니다.

이러한 형세는 다 소신들이 실지로 보고들은 재료를 기초로 한 것이요, 거기에 조금치라도 허수한 엄풍이를 섞어 감히 맑으신 정신을 흩어지게 하지 않았습니다. 엎드려 바라옵건대 위로 명나라의 의견도 물어 보시고, 다음엔 우리나라 막료들의 견해도 참작하사 수시 변동 정세를 잘 살피신 후에 이상 세 가지 방안 중에서 하나를 취택하시옵소서.

우후(虞候) 이엽(李曄)이 청정에게 붙들려 왔는데, 청정은 그를 적괴에게로 보냈습니다. 적괴는 자주 불러 세워 놓고선

“자네 수염 좋네 그려!”

수염을 쓰다듬기도 하고 툭툭 두들기면서 어르기도 하였습니다. 더러는 제풀에 껑충껑충 뛰면서

“요놈! 요놈!”

얼러대며 뽑내기도 하였습니다. 그를 데려다가 대장가(大藏家)에다 재우면서 으리으리한 비단옷을 입혀 달래려고 하기도 하였습니다. 엽은

(왜 내가 그런 으리으리한 것에 속을 줄 알고……)

이렇게 딴 전을 보고 있었습니다. 그렁저렁 너 댓 달 묵고 있었습니다. 왜말에 익숙한 장정 몇 사람과 결탁하여 서쪽으로 몰래 빠져 나올 차비를 차렸습니다. 적괴가 준 은전을 풀어 배 한 척을 사서 도망하자는 것입니다. 며칠이 지나서

(이놈들이 도망쳤네.)

대장가는 이 사실을 알고 산길로 물길로 내리 쫓는 통에 비후(備後)의 어느 갯가에까지 오게 되었습니다. 쫓는 놈들이 벌써 발칙을 물게 되자 엽은

"자 막다른 골목이다. 어떻걸까!"

칼을 빼들어 자기 가슴을 찔렀습니다. 시퍼런 칼끝이 등 뒤로 솟구쳐 한 많은 엽의 최후를 조상하고 말았던 것입니다. 죽어도 잡히지 않겠다는 그의 정신은 선혈에 젖은 그의 몸을 또다시 물속으로 뛰어 들게 하였습니다. 배 안에 있던 무리들도 혹은 목을 찌르고 혹은 사로잡혔습니다.

왜적들은 엽의 시체를 끌어올리고 산 놈은 산 놈대로 꽁꽁 묶어서 저네들 서울로 데리고 왔습니다. 모조리 휩쓸어 수레에 채워 찢어 죽이는 그런 처참한 형벌에 처하고 말았습니다. 우리나라 동포들로 이런 소문을 듣고 가슴을 찢고 울지 않을 자 누구며, 소스라쳐 흐르는 눈물을 어찌 막아 낼 수 있겠습니까? 그를 위하여 글을 지어 고이 명복을 빌어 준 이들도 많았습니다. 신이 왜경에 와서 엽의 이야기를 비로소 듣게 되었는데

(참다운 사내입니다. 엽이야말로 참다운 사내입니다.)

두고두고 엽의 일은 잊을 수가 없습니다.

청정은 명나라 차관(差官)을 붙들어다가 화천(和泉)의 사까이[界]에서 묵게 하였습니다(화천·섭진攝津·하내河內 세 주의 경계지대이므로 사까이[界]라 부르는데, 외국 사신이 오면 으레 여기에 둡니다). 행장의 형의 아들인 장우위문(長右衛門)이란 자가 집을 지키고 있었습니다. 신이 몰래 밤길을 쳐 빠져 나와 임진년에 포로로 잡혀 왔던 신계이(申繼李)·임대흥(林大興) 동지들과 함께 만나보기로 하였습니다. 문직이놈에게는 돈만 주면 되는 판이라 들어가 차관을 만날 기회를 얻었습니다.

차관은 신을 보더니 아주 가엾이 여겨 무척 동정하는 태도였습니다. 통역을 불러다가 잡혀 올 때의 여러 가지 곡절을 묻기도 하고, 주안상을 차려다가 식사까지 나누게 하여 주는 그런 고마운 응대를 받았습니다.

그럭저럭 한참 이야기를 하던 차에 이 집을 지키던 왜놈 한 놈이 이 사실은 알고 소신을 끌어다가 꽁꽁 묶더니만 껌껌한 외진 방구석에 가두어 두고, 계리 등은 묶어서 딴 곳으로 데리고 갔으니 아마도 저희들이 제 나라의 비밀을 고자질하여 바친 줄로 알았던가 싶습니다.

양산(梁山) 사람 백수회(白受繪)는 임진년에 포로로 잡혀와서 장우문의 집에서 묵고 있던 사람입니다. 왜놈들이 그 날 해질 무렵에 저희를 모조리 환괘(轘掛)의 형에 처하여 버린다는 소문을 듣고 허둥지둥 집 단골 중들을 찾아 이 일을 호소하기도 하고, 차관을 만나 우리들의 구출을 부탁하기도 하였습니다. 진땀이 나도록 애를 쓴 보람이 있어 차관도 여러 차례 부탁을 하였던 것입니다. 그리하여 우리들은 겨우 풀려나게 나게 되자 도로 복견성(伏見城)으로 돌려보냈습니다. 이런 일이 있은 후로는 우리나라 사람으로는 한 사람도 차관 있는 곳에는 맘대로 출입할 수 없게 되었습니다. 차관도 감독 관리가 보내기로 한 사람이어야만 객관(客館)에 두었다가 같이 데리고 가고 싶다는 태도를 취하게 되었습니다.

대마도수 의지(義智)와 우리나라와의 사이에 전단이 벌어지자, 적괴는 박다(博多) 지방 이만석거리의 토지를 공로상으로 주었습니다. 전에는 제 고장 대마도뿐 다른 식읍은 없었습니다.

대개 왜놈들도 일기(壹岐)·대마(對馬)는 외국처럼 여겨서 제 나라 66주와 같은 대접을 하지 않는 곳입니다. 기해년 3월에 놈들은 명군과 아군이 함께 합세하여 대마도를 토벌한다는 소문을 듣고

"자, 일났군!"

"이거 큰 일이야!"

"할 수 있나!"

별의 별 소리가 시끄럽게 떠도는데 쫓아가 구원할 마음은 내지 않고 있었습니다. 의지 같은 자도 왜경에 숨어 있으면서

"나 혼자 어떻건담!"

하는 태도로 내버려두니, 정말 맹랑한 일이기는 하지만 놈들의 하는 짓이란 거개 이런 투입니다. 갑오년에 보낸 소위 왜사(倭使) 소서비탄수(小西飛彈守)도 실상은 행장(行長)이 보낸 자로 적괴의 사람은 아니었습니다(소서小西는 성이요, 비탄飛彈은 주州의 이름이므로 이로써 관호官號를 삼았습니다. 그는 행장의 종제요, 행장의 성도 소서입니다). 명나라 차관은 왜관에 묻혀 있으면서 조금도 굽히지 않고 체면만을 지켜 내려오고 있기 때문에 행장은 도로 돌려보내고도 싶

지만 가강의 뜻이 어떤지 염려가 되어서 그대로 두어 두고 있는 형편입니다. 대개 놈들의 장군이란 작자들은 싸우거나 말거나 내사 모르겠다는 태도이지만 오직 행장만은 의지를 위해서 꼭 화의를 달성시키고야 말겠다는 것이니, 엎드려 바라옵건대 전하께서는 여러 장졸들에게 분부를 내리사 놈들이 철퇴했다고 해서 조금도 마음을 놓지 말고 여기저기 방비를 든든하게 하여 전날 서로 맞대고 있던 시절의 몇 백 곱절 더욱더 경계를 한다면 국가를 위하여 이에 더 덮을 다행이 없을까 합니다.

병법에

'병기가 잘 들지 않는다면 병졸들을 거저 적에게 내 주는 셈이야!'

이런 말이 있는데, 신이 왜놈들 틈바구니에 끼어 3년간이나 실지로 본 바에 의하면 그들은 군기 창검을 정비하는데 전력을 쏟고 있습니다. 1,000년 묵은 칼이 아니면 칼로 치지도 않고, 600~700년 된 것은 그저 쓸만하다 하고, 근년에 새로 지어 만든 것은

"그걸 무엇에 쓴담!"

하고 돌아다보지도 않습니다. 왜놈들의 새 칼도 쓰지를 못하는데, 하물며 우리나라에서 새로 지었다는 것이겠습니까? 병졸들을 거저 적에게 내주는 셈이란 조금도 괴상히 여길 것이 없습니다.

귀순병들 중에는 반드시 칼 다루고, 칼 짓고, 칼 갈 줄 아는 놈이 있을 것이니 그 놈들을 후히 대우하여 날을 새워 가며 만들어다가 전같이 부산에다 저자를 벌려 보십시오. 그러면 놈들은 칼 다룰 줄 아는 통역을 데리고 많은 보화를 싣고 와서 배로 실어 갈 것이니, 그런 돈으로 여러 가지 비용에 보태어 쓰면 오직이나 좋을까 합니다. 그러나 이런 일은 한 변장(邊將)의 할 노릇이라 변장에 적재(適材)를

만나냐 못 만나냐에 달린 일일 것입니다.

백 번 들어도 한 번 보는 이만 같지 못하다는 옛말도 있거니와 위에 기록한 모든 재료는 저의 심혈을 쏟아 연구한 것이요, 또 실지로 목격한 사실을 기록한 것입니다. 이는 피로써 함봉한 기록으로 좀처럼 얻기 어려운 재료임을 자인합니다. 이에 마침 명나라 차관의 가는 편이 있기로 손수 두 벌을 만들어 한 벌은 명나라 차관의 편에 보내고, 한 벌은 우리나라 사람인 신정남(辛挺南) 편에 보내오니 이는 행여나 중로에 사고가 있을까 염려가 되어서 입니다. 엎드려 바라옵건대 전하께서는 소신이 부질없는 위인이라고 해서 이 기록까지를 버리시지 않는다면 국사를 위해서나 민생을 위해서나 다행이 이에 더 할 데가 없을까 하옵니다.

(적괴 수길에서 여기까지는 앞서 김석복 편에 보낸 것과 합쳐서 복견성에서 기록한 자료로 기해년에 왕건공王建功편에 보내어 조정에까지 도달하였다.)

(이상 봉소문은 전부 세 벌인데 무술년 이에주에 있을 때 김석복 편에 보낸 것이 한 벌, 기해년 복견성에 있을 때 왕건공 편에 보낸 것 이 한 벌, 다시 베껴 신정남 편에 보낸 것이 한 벌이다. 신정남 것은 안 닿고, 왕건공이 가져 온 것만이 조정에 도달하였다. 전하께서도 기뻐하시고 또 칭찬하시었으니, 변장들에게도 내려보내어 읽도록 하시었다. 김석복 것은 신축년 가을에야 내다가 체찰사體察使 이덕형李德馨에게 보인즉 덕형은 말하기를

"강군은 벌써 살아 왔으니 성상께 바칠 것 없지 않나! 본인에게 돌려주렴!"

이래서 돌려보냈다고 한다.)

적국의 이모저모
[賊中聞見錄]

1) 왜국의 관제[倭國百官圖]

제왕(帝王, 천자天子) 곧 왜 황제다. 머리는 깎지 않고 뜰 아래 내리지도 않는다. 보름 전에는 소식(素食)하고 보름 후에는 생선을 먹는다. 전세(前世)에는 위엄과 복록이 무던했으니 섭정(攝政)·관백(關白)·대납언(大納言) 같은 벼슬을 두어 군왕의 일을 돕도록 하였다. 중세 이후로는 섭정 같은 벼슬아치들이 국권을 한 손에 쥐고 정령(政令)을 함부로 하였다. 그러므로 소위 천황의 호령이 왕성 밖을 못 벗어났다. 다만 한 사람의 시종 현관을 두어 왕성 안팎을 보살피도록 하였으니, 수길이 시대에는 덕선원 현이(德善院玄以)가 왕경 봉행(王京奉行)이 되었다. 봉행이란 전수(典守)의 칭호이다.

섭정(攝政, 전하殿下)　　　좌우(左右)(위부衛府)
관백(關白, 전하殿下)　　　장감(將監)(신위新衛)
장군(將軍, 막부幕府)　　　좌우위문(左右衛門, 금오金吾)
대정대신(大政大臣, 대상국大相國)　　좌우마(左右馬, 전작구典作廄)
대납언(大納言, 아상亞相)　중??(中弊)(중윤中尹)
중납언(中納言, 황문黃門)　판관(判官) 연위(延慰)

소납언(小納言, 급사給事) 외기(外記) (외사外史)

재상(宰相, 삼의三議) 내기(內記) 계하(桂下 내사內史)

이위(貳位, 지진持進) 봉전(縫殿)

삼위(三位, 삼품三品) 식부(式部) 이부(吏部)

좌우대변(左右大弁, 상윤尙尹) 대학(大學, 제주祭酒)

좌우중변(左右中弁, 낭중郞中) 치부(治部, 예부禮部)

좌우소변(左右小弁, 원외랑員外郞) 병부(兵部) (평부平部)

시도(侍徒, 습유拾遺) 형부(刑部, 토부討部)

좌우대장(左右大將, 막하幕下) 병고(兵庫, 무고武庫)

중장(中將, 우림羽林) 좌우병위(左右兵衛, 무위武衛)

소장(小將, 우림羽林) 수리(修理) (장작匠作)

검비위정(檢非違挺, 대리大理) ●유해(劻解由, 향유向幼)

주전(主殿, 상창尙倉) (劻는 무슨 자인지 알 수 없
기로 왜서에 기록되어 있는
대로 써 놓는다)

전약(典藥, 대의大醫)

채녀(采女, 채녀采女) 수(帥, 도독都督)

탄정(彈正, 상질霜礩) 대무(大武, 대경大卿)

좌우경(左右京, 경조京兆) 대력(帶力, 월법月法)

주마(主馬, 구서廐屠) 도서(圖書, 기윤祇尹)

준인(準人, 포의반布議反) 대선대부(大膳大夫, 광록光綠)

주계(主計, 도지度支) 목공(木工, 장작匠作)

민부(民部, 호부戶部) 대취(大炊, 대창大倉)

궁내(宮內, 가농可農) 주세대사(主稅大使 이천석二千石)

소부(掃部, 가소價掃) 권수(權守, 판관대判官代)

아악(雅樂, 대악大樂) 감물(監物, 성문랑城文郞)

현번(玄番, 명려鳴臚) 주수(主水, 상임서上林署)

대장(大藏, 대부大府) 대사(大舍, 문복門僕)

직부(織部, 겸직염서兼織染署)

전세에 있어서는 벼슬아치들이 그 직분을 따라 나누어졌지만, 중
세 이후로는 벼슬아치들에게 토지를 나누어 주었기 때문에 관명은

있으나 그 직분이 없는 것도 있다. 근세에 있어서는 관명이나 주명
으로 그 사람의 이름을 삼게까지 되고 보니 장군집 부하 더부살이까
지도 다 같이 제 상전의 벼슬과 수령의 칭호를 띤다.

2) 왜국 지리와 풍물[倭國八道六十六州圖]

　용명천황(用明天皇) 때 5기7도(五畿七道)를 정했고, 문무천황(文武天皇) 때 66국(六十六國)을 나누었다. 왜중의 기록에는 더러 문리(文理)에 맞지 않는 구절이 있으나 본문을 그대로 옮겨 놓지 않으면 실지와 멀어질까 염려스럽기 때문에 그대로 베껴 놓았고, 여러 주(州)의 끝에다 새로 보고 들은 사실을 기록하여 참고로 삼게 하였다(문헌적인 견지에서 지명地名과 인명人名은 한자 그대로 두었다.—역자).

기내(畿內) 5국(五國)

　(산성山城) 「옹심성주(雍尋城州)」 상(上) 8군(八郡)을 주관함. 「을훈부갈야(乙訓府葛野), 애탕(愛宕), 기윤(紀伊), 우치(宇治), 우세(又世), 철희(綴喜), 습악(拾樂, 습拾은 상相으로도 쓴다)」 남북의 거리는 백리가 넘는다. 사람 사는 고장에 약초가 흔하다. 씨를 뿌리면 백 배를 거둔다. 맛은 승(升)이요, 감(甘) 대(大) 상(上) 상국(上國)임(주관함이라 한

위에 있는 상上은 산물의 질이 상품上品이란 뜻이요, 대大 상上의 대
大는 지방의 큰 것을 의미한다. 상上 상국上國의 상上도 산물의 품질
을 말하는 것이니 아래 글도 이에 따라 짐작하라. *왕경王京 및 적괴
가 신설한 복견伏見과 신경新京이 여기 있다).

　(태화太和)「화주(和州)」 대(大) 15군을 주관함.「첨상(添上), 첨하(添
下), 평부(平部), 광정(廣禎), 갈상(葛上), 갈하(葛下), 홀해(忽海), 우지(宇
智), 길야(吉野), 타자(陀字), 성상(城上), 성하(城下), 고시(高市), 십시부
(十市府), 산변(山邊)」 남북은 이백리가 넘는다. 산이 둘러 있으며 지
방 산물은 다른 나라의 열 곱은 되리라. 이름난 고적이 많다. 대(大)
상(上) 상국(上國)임. 왜의 남녘 도읍터다. 왜왕 분(奮)이 여기에 도읍
하고 이름을 화국(和國)이라 하고 야마대(野馬臺)라고도 하였다. 야마
대(野馬臺)란 양무제(梁武帝)가 지은 이름이다. 왜국 사람들의 하는 짓
은 들까부는 편이어서 놓아먹인 망아지 같으므로 그 터의 이름을 그
렇게 지었다. 왜인들은 지금도 태화(太和)를 야마대(野馬臺)라 부른다.
480개의 절이 있는데, 아주 으리으리하게 꾸며 놓았다(증전위문정增
田衛門正이란 자가 봉행奉行 자격으로 30만석을 먹고, 신장준하수新
庄駿河守가 3만석을 먹고, 지전손사랑池田孫四郎이 1만석을 먹는다. *토
지는 기름지고 벼쌀은 아주 하얗다).

　(하내河內)「하주(河州)」 대 15군을 주관함.「금군(錦郡), 석천(石川),
고시(古市), 안복부(安福府), 대현(大縣), 고안(高安), 하내(河內), 찬량(讚
良), 자전(茨田), 교야(交埜), 약강(若江), 역하(瀝河), 지기(志紀), 단북부
(丹北府), 단남(丹南)」 사방이 이틀 길 남짓하다. 두덩, 잔틸밭, 못샘
같은 것이 많아 씨는 다섯 곱쯤 거둔다. 저자 거리가 많다. 대(大) 중
국(中國)임. 영귀(靈龜) 2년에 하내(河內) 대조군(大鳥郡)을 신호(神護),

경운(慶雲)으로 짜개고 4년에 하내(河內) 조국(鳥國)을 정(停)함(수길이의 졸막 장군들이 나누어 차지함).

(화천和泉)「천주(泉州)」하(下) 3군을 주관함.「대조(大鳥), 화천(和泉), 일근(日根)」남북이 백여리다. 산을 등지고 바다를 껴안은 까닭에 차고 뿌들뿌들한 기운이 어려서 오곡이 제 맛을 못 낸다. 나라는 넓고 짭짤한 젓갈이나 생선이 많이 난다. 대(大) 하국(下國)임(소출파마수석전목공두小出播摩守石田木工頭가 차지한 곳이다).

(섭진攝津)「섭주(攝州)」상 13군을 주관함.「주길(住吉), 백제(百濟), 동성(東城), 서성부(西城府), 팔부(八部), 도하(島下), 도상(島上), 촉도(觸島), 하변(河邊), 무고(武庫), 토원(兎原), 유마(有馬), 능세(能勢)」이틀 반의 거리다. 황성을 끼고 서해를 보듬은 곳이다. 남쪽은 따뜻하고 북쪽은 찬 까닭에 오곡이 먼저 익는다. 물고기와 소금이 많다. 대(大) 상국(上國)임(왜의 서녘 서울 대판大坂이 있는 곳이다. 새 개울을 둘러 띠고 큰 바다를 내려다보고 있기 때문에 형세가 복견伏見보다 낫다. 토지는 전부 관백의 차지다).

동해도(東海島) 15국(十五國)

(이무伊賀)「이주(伊州)」하 4군을 주관함.「아배부(阿拜府), 산전(山田), 이하(伊賀), 장명(張名)」사방이 하룻길이다. 동남은 바다요, 북에는 산이 많다. 그를 의지하고 따뜻한 기운이 어리므로 나무숲이나 대숲이 많다. 소(小) 상국(上國)임(간정簡井의 차지다. 그는 대화大和의 큰 성바지다. 순경順慶이란 자가 있는데 성품이 날래고 사납기 때문에 수길이가 독으로 죽여 버리고, 그의 아들을 이하伊賀로 옮아 살

게 하였고, 장속대장長束大藏 아우 이하수伊賀守와 나누어 차지하게 하였다).

(이세伊勢)「세주(勢州)」대 16군을 주관함.「상명(桑名), 조명(朝明), 영록(鈴鹿), 하곡(河曲), 일지(壹志), 암예(菴藝), 다도(多度), 금도(錦島), 어좌도(御坐島), 원변(員辨), 삼중(三重), 안농(安濃), 반고(飯高), 반야(飯野), 도해(渡海), 다기(多氣)」남북이 사흘길이다. 산과 바다가 골고루 째어 다른 주의 으뜸이다. 그러기에 이 나라 사람들이 우러러보는 고장이 되었다. 흙땅이 두툼해서 물산도 많고 한 알을 뿌리면 백을 얻으니 대(大) 대(大) 상국(上國)임(서울 차지다. 이 지방에 이세대명신궁伊勢大明神宮이 있는데, 이 지방 사람들은 제 부모 섬기듯 이를 섬긴다. *지방산으로 백금이 난다).

(지마志摩)「지주(志州)」하 2군을 주관함.「답영지우부(荅英志虞府) 옹도(甕島) 이 안에 한 군이 이세(伊勢)다.」사방이 반나절 거리다. 한 군 지주(志州)가 온통 한 나라가 되었다. 바다풀이 많다. 하(下) 하국(下國)임(구귀대우수九鬼大偶守부자의 차지다).

(미장尾張)「미주(尾州)」하 9군을 주관함.「해부수(海部府), 중도(中島), 우율(羽栗), 단우(丹羽), 춘일부(春日部), 산전(山田), 애지(愛智), 지다(智多), 당자도(當資島)」남북이 사흘 거리다. 흙이 두툼하고 땅이 기름져서 종자는 앉아서 천 배를 거두리라. 마을에 좋은 곳이 많으니 일본에서는 대(大) 상국(上國)임(복도대부福島大夫의 차지다. 졸막 장군들이 또한 나누어 차지하다).

(삼내參河)「삼주(參州)」상 8군을 주관함.「벽해(碧海), 하무(賀茂), 액전(額田), 번두(旛頭), 보반부(寶飯府), 팔명(八名), 설악(設樂), 악미(渥美)」동서가 하루 반 거리다. 산과 냇이 많으나 옅어서 한 자밖에 되

지 않으므로 오곡이 익지 않는다. 이 나라의 하(下) 하(下) 소국(小國) 임(생전삼좌위문生田三左衛門과 전중병부田中兵部의 차지다),

(원강遠江)「원주(遠州)」상 13군을 주관함.「빈명(濱名), 부지(敷智), 인좌(引左), 녹옥(鹿玉), 장상(長上), 장하(長下), 반전부(盤田府), 주지(周智), 산명(山名), 좌야(佐野), 성사(城飼), 진원(蓁原), 산향(山香)」산과 냇과 마을들이 서로 얽혀 땅이 일곱 자 되니 종자를 뿌리면 천 배나 되고 또 만 만배를 거둔다. 대(大) 상(上) 상국(上國)임(굴고대협堀雇帶脇의 차지다).

(준하駿河)「준심(駿尋)」상 7군을 주관함.「지대(志大), 익두(益頭), 유도(有度), 안배부(安倍府), 노원(盧原), 부사(富士), 준(駿, 상하여국동上下與國同)」동서가 이틀 반 거리다. 산이며 들이며 마을이 골고루 되었고 바다를 안고 산이 둘러 있으니 기름지고 물산이 많다. 대(大) 중국(中國)임(중촌식부소보中村式部少輔의 차지다).

이 곳에 부사산(富士山)이 있으니 그 형상은 항아리를 엎어놓은 것 같다. 꼭지에 큰 구멍이 있는데, 그 깊이는 끝이 없다. 그 안에서 더운 기운이 솟구쳐 올라 구름이나 안개같이 보이며, 6월에도 언제나 눈이 덮여 있다. 황명송태사경렴(皇明宋太史景濂)의 시에

> 피어나는 연(蓮) 꽃이어라
> 송이송이 열린 부사산
> 뿌리는 갈갈이 얽혀
> 삼주를 누르도다.
> 무더운 유월에
> 눈송이 흰 털을 날리나니
> 어디메 깊숙한 숲에
> 흰 새인들 있을 거냐.

萬朶蓮花富士山　蟠根壓地三州間
六月雪花飄素毳　何處深林求白鵬

란 이를 두고 읊은 것이다.

"왜놈들이 복건(福建)·남만(南蠻) 등지로 무역의 길을 떠날 때에
는 언제나 바다 가운데에서 부사산(富士山) 꼭지를 바라다 본 연후에
야 배에 돛을 건다. 왜중들은 이세(伊勢)의 열전(熱田), 기이(紀伊)의
웅야(態野)와 부사(富士) 이 셋을 삼신산(三神山)이라 한다. 어느 사람
은 말하기를 근강주(近江州)의 태호(太湖) 물이 하루 사이에 저절로
열리더니 준하주(駿河州)의 부사산(富士山)이 금방 호수의 모래 위로
솟아올라 산이 되었다고 한다. 그러므로 다른 지방 사람으로 부사산
을 참관하러 올적에는 반드시 열흘의 공을 들여야 재앙이 없는데,
근강주(近江州) 사람만은 하루의 공만 들여도 발을 삐끗하여 떨어져
죽는 그런 재난이 결코 없다고 한다. 왜놈들의 괴상한 소리를 좋아
하는 품이란 대개 이렇다."

(이두伊豆)「두주(豆州)」하 3군을 주관함.「전방(田方), 나하(那賀),
하무(賀茂), 이외에 대도(大島), 질도(蛭島)가 있다.」하루 길 남짓한
거리다. 밭은 많고 논은 적다. 산은 높고 바다는 우람하다. 소금과
물고기가 많아서 골라 나라에 바친다. 대(大) 중국(中國)임(내부가강
內府家康과 그의 아들 강호중납언江戶中納言의 차지다).

(갑비甲斐)「갑주(甲州)」상 4군을 주관함.「산리(山梨), 산대부(山代
府), 팔대성(八代城), 거마(巨麻)」남북이 이틀 길 남짓한 거리다. 논은
얕고 밭은 깊다. 사방이 좁고 볕이 부족하다. 초목이 번성하므로 소
와 말이 많다. 중(中) 중국(中國)임(천야탄정淺野彈正과 그의 아들 좌

경대부左京大夫의 차지다).

(상모相模) 「상주(相州)」 상 9군을 주관함. 「족병상(足柄上), 족병하
(足柄下, 대주(大住), 도릉(淘綾), 애갑(愛甲), 고좌(高座), 겸창(鎌倉, 왜
국 중의 이름난 고장이다. 이 지방에 칼 부어 만드는 명인이 많다),
삼포(三浦), 강도(江島)」 사방이 사흘 길거리다. 흙 부피가 한 길이나
되며 나는 것이 살찌다. 산이 낮아서 재목이 없다. 바다풀과 물고기
들이 많다. 중(中) 하국(下國)임(내부가강內府家康의 차지다).

(무장武藏) 「무주(武州)」 대 21군을 주관함. 「구량기(久良岐), 도축
(都築), 다마부(多麻府), 귤수(橘樹), 신창(新倉), 팔간(八間), 고려(高麗),
비금(比金), 횡견(橫見), 기옥(崎玉), 아옥(兒玉), 남금(男衾), 번라(旛羅),
진택(榛澤), 나하(那賀), 하미(賀美), 족립(足立), 질부(秩父), 임원(荏原), 풍
도(豊島), 대리(大里)」 사방이 닷새 반 거리다. 들이 훤하게 트이고 산이
없기 때문에 좋은 재목이 귀하다. 논밭이 넉넉하기 때문에 야채류도
많이 난다. 대(大) 상(上) 상국(上國)임(내부가강內府家康의 차지다).

(안방安房) 「방주(房州)」 중(中) 4군을 주관함. 「주군부(周郡府), 안방
(安房), 조이(朝夷), 장협(長俠)」 남북이 하루 반 거리다. 산이며 내며 들
과 마을이 고루고루 배겨 있다. 고기와 조개가 많으므로 논거름에 쓰
게 되니 대(大) 중국(中國)임(내부가강內府家康과 이견里見씨의 차지다).

(상총上總) 「총주(總州)」 대 11군을 주관함. 「주집(周集), 천우(天羽),
시원(市原), 해상부(海上府), 반소(畔蘇), 망타(望陀), 이우(夷隅), 치생(埴
生), 장병(長柄), 산변(山邊), 무사(武射)」 남북이 사흘 거리다. 바다 기
슭이 넓고 푸르다. 바다풀이 많다. 비단과 쇠붙이·농구(農具) 등으
로 이름이 높다. 대(大) 중국(中國)임(내부가강內府家康의 차지다).

(하총下總) 「총주(總州)」 대 12군을 주관함. 「갈절부(葛莭府), 천엽

(千葉), 인번(印旛), 상마(相馬), 원조(猿鳥, 원원은 狹狹으로도 쓴다), 결성(結成), 풍전(豊田), 영차(迎瑳), 해토(海土), 번취(番取), 치생(埴生), 강전(岡田)」 남북이 사흘 거리다. 산도 많고 바다도 많다. 새나 들짐승이 많기는 하나 먹잘 맛이 없는 것 들 뿐이다. 대(大) 중국(中國)임(내부가강內部家康의 차지다).

(상륙常陸)「상심(常尋)」 대 11군을 주관함.「신치(新治), 진벽(眞壁), 축파(筑波), 하내(河內), 신태(信太), 자성부(茨城府), 행방(行房), 녹도(鹿島), 나가(那珂), 구하(久河), 다가(多可)」(위는 먼 나라가 된다)사방이 사흘 거리다. 밭이며 집이며 저자 거리가 날로 흥성거리니 소와 말을 거두기에 넉넉하고 누에도 많고 솜도 풍부하다. 대(大) 대(大) 중국(中國)임(좌죽佐竹의 차지다).

동산도(東山道) 8국(八國)

(근강近江)「강주(江州)」 대 13군을 주관함.「자하(滋賀, 자滋는 지志로도 쓴다), 율본(栗本), 야주(野洲), 만생(滿生), 신기(神崎), 견상(犬上), 판전(坂田), 애지 상하(愛智上下), 천정(淺井), 이향(伊香, 향香은 갑甲으로도 쓴다), 고도(高島), 갑하(甲賀), 선적 상하(善積上下)」 사방이 사흘 반 거리다. 산과 내와 논이며 밭이 잘 짜이고 또 윤택하다. 씨를 뿌리면 천 배를 거둔다. 서울이 바로 이웃이다. 봄기운이 이르다. 일본서 넷째 번 되는 나라다(네째 번이란 상上 사등四等이 아니란 뜻이다, 서울 시종侍從과 석전치부소보石田治部少輔 및 장속대장두長束大藏頭가 나누어 차지하였다).

(미농美濃)「농주(濃州)」 상 18군을 주관함.「석진(石津), 불파부(不

破府), 안입(安入), 지전(池田), 대야(大野), 본소(本巢), 광전(廣田), 방현
(方縣), 후견(厚見), 각무(各務), 산현(山縣), 무의(武義), 군상(群上), 하무
(賀茂), 가아(可兒), 토기(土岐), 혜나(惠奈), 다세(多勢)」(위의 가까운 나
라가 된다) 남북이 사흘 거리다. 산과 두덩과 논밭이 많다. 솜이 풍
부하고 오곡은 만 배나 거둔다. 대 상국임(기부중납언岐阜中納言과
여러 졸막 장군들의 차지다. 토산으로 칠품지七品紙가 난다).

(비탄飛彈) 「비주(飛州)」 하 4군을 주관함. 「대후(大厚), 익전(益田),
천야(天野, 천天은 대大로도 쓴다), 황성(荒城)」 남북이 이틀 거리다.
산이 깊숙하기 때문에 재목이 많다. 땔나무를 많이 바치며 소금이
귀하다. 오곡이 잘 익지 않으니 이 나라의 하 하국임(금삼법인金森法
印과 그의 양아들 출설수出雪守의 차지다. 법인法印이란 중 벼슬의
이름이다. *토산으로 황금이 난다).

(신농信濃) 「신주(信州)」 상 10군을 주관함. 「수내(水內), 고정(高井),
치과(埴科), 소현(小縣), 의구(依久), 이구(伊邱), 추방(諏訪), 축마부(笛麻
府), 안리(安裏, 일운曰雲이라고도 한다), 「갱급(更級)」(위는 가운데 나
가가 된다) 남북이 닷새 거리다. 음침한 기운이 짙어서 풀잎새가 자
라지 않는다. 바다가 막혀 소금이 귀하다. 흙 깊이가 한 길이나 되니
뽕나무와 모수가 잘 자라기 때문에 비단과 솜이 많다. 대 대 하국임
(진전眞田씨의 차지다. 천각월전수千刻越前守는 그의 이름이다. *토산
으로 좋은 말이 난다).

(상야上野) 「야주(野州)」 대 14군을 주관함. 「확수(確水), 오처(吾妻),
이근(利根), 세전(勢田, 다多로도 쓴다), 좌위(佐位), 신전(新田), 편강(片
岡), 읍악(邑樂), 군마부(郡馬府), 감라(甘羅, 악락樂으로도 쓴다), 다호(多
胡), 녹야(綠埜), 방파(邦波), 산전(山田)」 동서가 나흘 거리다. 따뜻한

기운이 넉넉해서 뽕이 많기 때문에 명주와 솜이 풍부하다. 유황을 나라에 올린다. 대 대상국임(내부가강內府家康과 좌야수리대부佐野修理大夫의 차지다).

(하야下野) 「야주(野州)」 상 9군을 주관함. 「족리(足利), 양전(梁田), 안소(安蘇), 도하주(都賀府), 방하(芳賀), 여천(麗川), 염옥(鹽屋), 나수(那須), 직벽(直壁)」 동서가 사흘 반 거리다. 산이 적고 들이 깊다 흙땅이 두툼해서 초목은 많다. 씨를 뿌리면 백 배를 거두리라. 중 상국임(내부가강內府家康의 차지다).

(육오陸奧) 「여주(與州)」 대 49군을 주관함. 「백주(白州, 백하관이 있는 백하의 동쪽), 흑하(黑河), 반뢰(磐瀨), 궁성부(宮城府), 회진(會津), 군응(郡應), 소전(小田), 안적(安積), 안달(安達), 시전(柴田), 예인(刈因), 원전(遠田), 명취(名取), 신부(信夫), 국다(菊多, 국전菊田이라고도 쓴다), 표엽(漂葉), 하회소(河會沼), 행방(行方), 반수(盤手), 강차(江差), 화하(和賀), 하내(河內), 패계(稗繼), 고야(高野), 일리(日理, 리利로도 쓴다), 강차(江差), 담택(膽澤), 장강(長岡), 등미(登米), 심생(沈生), 모록(牡鹿), 군재(郡載), 녹색(鹿色), 계하(階下), 혼경(渾輕), 수다(守多), 이구(伊具), 본길(本吉), 석천(石川), 대치(大治), 색마(色摩), 도아(稻我), 사파(斯波), 반전(磐前), 금원(金原), 갈전(葛田, 갈葛은 신新으로도 쓴다), 이달(伊達), 두록(杜鹿), 한이(閑伊), 기선(氣仙)」 동서가 60일 거리다. 옛날에 출우(出羽)와 한나라이어서 저자며 성(城)이며 궁실을 이루 셀 수 없었고, 신선사는 굴이 한데 뒤섞여 날짐승, 들짐승이 빽빽이 들어찼다. 칠(漆)을 나라에 바쳤다. 대 대 상 상국임(중장정종中將政宗과 월후납언경승越後納言景勝 및 남부송간南部松間의 차지다).

바다 가운데 금산(金山)이 있는데 이 곳을 지키는 장군이 목욕재계

하고 그 수효를 빌어 얻은 연후에 배를 타고 가서 캐오되, 그 수효가 조금이라도 넘으면 돌아오는 배가 뒤집어지고 만다고 한다. 토지는 하이(蝦夷) 지방과 잇닿고 넓고 아득하여 끝이 없다. 제국을 통틀어 놓아도 이 한 주의 넓이만 못하다. 오고 가는 길목에는 54군이 있으나, 제대로 오밀조밀 모여 살 뿐 누가 호령하고 누가 통제하는 법도 없다. 지방은 또 54군보다도 훨씬 더 넓으니, 그 곳 사람들은 키도 크고 몸에는 털이 돋아 있어 왜인들은 이들을 에비스[蝦夷]라 부른다. 오주(奧州)의 평화천(平和泉)에서 이해(夷海) 끝까지는 겨우 30리이니(저희들 잇수로 그렇다), 어느 사람의 말에 의하면 에비스란 우리나라 야인들이 사는 곳이라고 한다. 그 지방 사정을 들어보면 문어(文魚), 돈피가죽 같은 것이 많이 산출된다니 혹시 그런가도 싶으나, 왜놈들은 일상 말하기를 오주에서 바로 조선으로 건너다니는 동북 길은 아주 가깝지만 북해는 바람이 세고 뉘가 높아 감히 건너지를 못한다고 한다. 무슨 소리가 무슨 소리인지 알 수 없는 이야기로되, 그대로 적어 의심쩍은 것도 그대로 적어 놓는 한 예(例)로 삼을 따름이다.

(출우出羽)「우주(羽州)」상 13군을 주관함. 「포해(飽海), 하변(河邊), 촌산(村山), 치사(置賜), 웅승(雄勝), 평록(平鹿), 전하(田河), 출우부(出羽府), 추전(秋田), 산리(山理), 산핍(山乏), 최상(最上), 산목(山木)」동서가 50일 거리다. 따뜻한 기운이 일찍 오므로 기심을 두툼하게 덮는다. 대 상상국임(월후납언경승越後納言景勝과 최상우시출우수最上羽柴出羽守 및 추전등태랑秋田藤太郎 등의 차지다).

북륙도(北陸道) 7국(七國)

지방이 몹시 춥고 겨울이면 눈이 여러 길 쌓인다.

(약협若狹) 「약주(若州)」 중 3군을 주관함. 「원정(遠整), 대반(大飯), 삼방(三方)」 남북이 하루 반 거리다. 바다가 가까와서 지질구질한 기운이 많다. 물고기와 쇠붙이가 많고 칠을 나라에 바친다. 소 상국임(소장승준小將勝俊과 그의 아우 궁내소보宮內少輔의 차지다. 그는 축전중납언금오筑前中納言金吾의 형이며 적괴 수길秀吉이의 본부本婦의 조카다).

(가하加賀) 「하주(賀州)」 중 4군을 주관함. 「결(缺)」 남북이 이틀 반 거리다. (결缺) 중 상국임(축전대납언筑前大納言의 차지인데 그는 무술년 섣달에 죽고 그의 아들 재상宰相 비전수肥前守와 작은 아들 손사랑孫四郎이 차지하였다).

(월전越前) 「초주(超州)」 대 12군을 주관함. 「돈가(敦駕), 단생부(丹生府), 금립(今立), 족우(足羽), 대야(大野), 판정(坂井), 흑전(黑田), 지상(池上), 신전(榊田), 길전(吉田), 판북(坂北), 남조(南條)」 남북이 사흘 반 거리다. 산이 남으로 맞닿고 북으로 바다를 끼었으니 오곡이 익지 않는다. 뽕나무와 삼(麻)이 많다(어느 책에는 오곡이 만 배나 된다고 했다). 대 상국 임(전관백신장前關白信長의 아들 신웅信雄과 대곡형부소보大谷刑部少輔의 차지다).

(월중越中) 「월주(越州)」 상 4군을 주관함. 「여파(礪波), 사수(射水), 부부(婦負), 신천(新川)」(위는 가운데 나라가 된다) 사방이 사흘 거리다. 소금, 바다풀, 물고기가 많고 오곡 기계가 많다. 칠을 나라에 바친다. 대 대 중국임(전전비전수前田肥前守와 그의 아우 손사랑孫四郎의 차지다).

(월후越後) 「월주(越州)」 상 칠군을 주관함. 「경성(頸城, 또는 이보야伊保野라 한다), 고지(古志), 삼도(三島), 어치(魚治, 소소沼로도 쓴다), 포원(蒲原), 치수(治垂), 반선(磐船)」 사방이 엿새 거리다. 산이 남으로 맞닿고 북으로 바다를 끼었으니 오곡이 익지 않는다. 뽕나무와 삼이 많다. 대 대 상국임(굴리씨구태랑堀里氏久太郎의 차지다. *토산으로 희고 가는 모시가 나는데, 언제나 눈 속에서 다듬고 바랜다).

(능등能登) 「능주(能州)」 중 4군을 주관함 「우작(羽咋), 능등부(能登府), 봉지(鳳至), 주주(珠洲)」 동서가 이틀 반 거리다. 땅이 차고 오곡은 더디 익는다. 좋은 쇠붙이가 많아서 큰그릇을 부어 만든다. 뽕이 많고 의복이 두툼하다. 소 상국임(전전비전수前田肥前守의 차지다).

(좌도佐渡) 「좌주(佐州)」 중 3군을 주관함. 「우무(羽茂), 잡태부(雜太府), 하무(賀茂) 또 견부도(見府島), 상상도(上上島)가 있다. 이는 먼 나라로 친다.」 사방이 사흘 반 거리다. 초목이 푸지게 나니 소와 말이 귀한 줄을 모른다. 물고기와 오곡이 많다. 중 상국임(월후납언경승越後納言景勝의 차지다).

산음도(山陰道) 8국(八國)

(단파丹波) 「단심(丹尋)」 상 6군을 주관함. 「상전부(桑田府), 선조(船兆), 다기(多紀), 천전(天田), 미상(米上), 하록(何鹿)」 사방이 이틀거리다. 왕성에 붙은 나라이니 곡식, 쌀, 땔나무가 많다. 중 상국임(덕선원현이德善院玄以가 들어가 차지하고 지낸다).

당고 (단후丹後) 「단주(丹州)」 중 5군을 주관함. 「가좌(伽佐), 여사(與謝), 단후(丹後), 편야(片野, 편片은 죽竹으로도 쓴다), 웅야(態野)」

남북이 하루 반 거리다. 물고기와 뽕과 삼(麻)이 넉넉하고, 이 곳 산물은 깨끗하고 좋다. 중 상국임(유재등효幽齋藤孝와 그의 아들 장강월중수長崗越中守의 차지다. *토산으로 두꺼운 솜과 명주가 나는데, 굵고 단단해서 십년도 훨씬 넘어 지탱한다고 한다).

(단마但馬) 「단주(但州)」 상 8군을 주관함. 「조래(朝來), 양부(養父), 출석(出石), 기다부(氣多府), 성기(城崎), 이방(二方), 칠미(七美), 미함(美含, 함含은 념念으로도 쓴다)」 동서가 이틀거리다. 논이 두텁고 훤칠하다. 모조 기장이 흠뻑 나며 땔나무도 넉넉하다. 중 상국임(소출태화수小出太和守와 신위좌병위新衛佐兵衛 및 별소풍후수別所豊後守의 차지다. *토산으로는 백금이 난다).

(인번因幡) 「인주(因州)」 상 7군을 주관함. 「법미(法美), 입상(入上), 지두(智頭), 읍미(邑美), 고초(高草), 기다(氣多), 거농(巨濃)」 남북이 이틀거리다. 북으로는 바다가 많고 산이 깊어서 바다의 풀과 비단이 많다. 중 중국임(궁부병부宮部兵部의 차지다. 시로성始路城은 우위대부右衛大夫가 차지했으니 금오金吾의 형이다).

(백기伯耆) 「백주(伯州)」 상 6군을 주관함. 「하촌(河村), 구미(久米), 입번(入幡), 한팔(汗八), 회견(會見, 미美로도 쓴다), 일야(日野)」 남북이 이틀 반 거리다. 산은 깊고 땅은 두텁다. 오곡과 의복감을 한 해에 두 번씩 굴린다. 중 중국임(안예중납언휘원安藝中納言輝元의 차지다).

(출운出雲) 「운주(雲州)」 상 5군을 주관함. 「의자부(意字府), 능미(能美), 도근(島根), 추록(秋鹿), 순(循)」 동서가 이틀 반 거리다. 수목과·오이·열매 등속의 야채와 함께 서로 뒤섞여 있으며, 토산으론 쇠붙이가 나는데 농구며 비단이 많다. 대 상국임(안예중납언휘원安藝中納言輝元의 차지다)

(석견石見) 「석주(石州)」 중 6군을 주관함. 「안농(安濃), 근마(近摩), 나하(那賀), 읍지(邑智), 미농(美濃), 녹족(鹿足)」 남북이 이틀거리다. 해초며 소금이 많아서 세공은 다른 나라의 곱절을 바친다. 중 하국임(안예중납언휘원安藝中納言輝元의 차지다).

(은기隱岐) 「은주(隱州)」 하 4군을 주관함. 「지천(知天), 해부(海部), 주길(周吉), 은지(穩地)」 사방이 이틀거리다. 오곡이 부족하니 해초와 굴이 많다. 저린 생선으로 유명하다. 소 하국임(안예중납언휘원安藝中納言輝元의 차지다. *석견(石見)·은기(隱岐) 등 일대는 우리나라 관동(關東) 지방의 영동(嶺東) 등지와 가깝다고 한다).

산양도(山陽道) 8국(八國)

우리나라로부터 드나드는 바다 길목이다.

(파마播摩) 대 14군을 주관함. 「명석(明石), 하고(賀古)의 동서(東西), 하무(賀茂), 인남(印南), 식마(飾磨), 읍보(揖保)의 동서(東西), 적수(赤穗), 좌용(佐用), 완율(完栗), 신기 동서(神崎東西), 다하(多河), 미일(美壹), 읍동(揖東), 읍서(揖西)」 사방이 사흘 반 거리다. 토지가 따뜻해서 우박 같은 것이 오지 않는다. 비단과 종이가 많고 의식도 넉넉하다. 대 상국임(적괴의 여러 졸막 장군들의 차지다).

(미작美作) 「작주(作州)」 상 11군을 주관함. 「영전(英田), 승전(勝田), 고서(苦西), 고동부(苦東府), 구미(久米), 대정(大庭), 진도(眞島)」 동서가 사흘 남짓한 거리다. 네모가 둘러 있어 춥고 바람이 없다. 초목과 의식이 아주 많다. 중 상국임(안예중납언휘원安藝中納輝元, 비전중납수가備前中納秀家의 차지다).

(비전備前)「비주(備州)」상 11군을 주관함. 「소도(小島), 화기(和氣), 반리(磐梨), 읍구(邑久), 적판(赤坂), 상도(上道), 어야(御野), 아도(兒島), 소족(小足), 진고(津高), 부도(釜島)」사방이 사흘 남짓한 거리다. 남쪽 바다의 따뜻한 기운을 끼었으니 오곡을 먼저 거두어 나라에 바치는 것도 이르다. 좋은 칼이며 창대, 비단이 많다. 중 상국임(비전중납수가備前中納言秀家의 차지다. 적괴의 양녀서養女婿로 한산도閑山島에서의 싸움을 우겨대던 자다.)

(비중備中)「비주(備州)」상 11군을 주관함. 「도우(都宇), 와옥(窪屋), 하옥부(賀屋府), 하도(下道), 천구(淺口), 소전(小田)의 동서(東西), 후일(後日), 철다(喆多), 영상하(英上下), 삼랑도(三郎島), 기도(寄島)」동서가 사흘 반 거리다. 좋은 칠과 보석이 많다. 오곡과 해초가 그득하여 날마다 기름진 밥에 배부른 곳이다. 대 상국임(수가秀家, 휘원輝元이 나누어 차지하다).

(비후備後)「비주(備州)」상 14군을 주관함. 「안부(安部), 심진(深津), 신석(神石), 노가(奴可), 소우(沼隅, 외외隈로도 쓴다), 품치(品治), 위전부(葦田府), 갑노(甲奴), 삼상(三上), 상계(上谿, 상上은 삼三으로도 쓴다), 어조(御調), 혜소(惠蘇), 세라(世羅), 삼원(三原, 영영英英으로도 쓴다, 위는 가운데 나라가 된다)」동서가 이틀 남짓한 거리다. 논고랑이 길고 두덩이 질번하다. 오곡이 일찍 익으며 술이 오래 간다. 중 상국임(휘원輝元의 아들 예주재상수원藝州宰相秀元의 차지로 적괴의 양어린 사위다).

(안예安藝)「예주(藝州)」상 8군을 주관함. 「소전(沼田), 고전(高田), 풍전(豊田), 사전(沙田), 하무(賀茂), 좌백(佐伯), 안예부(安藝府), 고궁(高宮), 엄도(嚴島)는 군외(郡外)다」남북이 이틀 반 거리다. 산이 깊어서 재목이 많다. 바다가 가까와서 소금, 김이 넉넉하다. 오곡은 알찌지

않다. 대 하국임(휘원輝元의 차지다. 지금 광도廣島란 이 안예安藝의 안에 있다).

(주방周防) 「방주(防州)」 상 6군을 주관함. 「대도(大島), 구하(玖賀), 능수(熊手, 모모로도 쓴다), 도농(都濃), 좌파부(佐波府), 길부(吉敷)」 동서가 이틀 거리다. 풀, 꿀, 비늘 달린 짐승이 많다. 지방산은 다른 나라의 열 곱은 된다. 생선국으로 유명하다. 중 상국임(휘원輝元의 차지다).

(장문長門) 「장주(長州)」 중 6군을 주관함. 「후협(厚狹), 풍포부(豊浦府), 미칭(美稱), 대진(大津), 하무(河武), 아도(兒島)」 동서가 이틀 반 거리다. 남은 바다요, 북은 산이니 물고기가 꽉 차있고 기장이 다른 나라의 곱은 된다. 중 중국임(휘원輝元의 차지다).

남해도(南海島) 6국(六國)

(기이紀伊) 「기주(紀州)」 상 7군을 주관함 「이도(伊都), 나하(那賀), 명초부(名草府), 해부(海部), 재전(在田), 일고(日高), 연수(年數, 누루로도 쓴다)」 남북이 나흘 반 거리다. 세 면이 바다요, 평지는 얼마 없다. 오곡이 익지 않는다. 소 하국임(적괴의 여러 졸막장군들의 차지다).

(담로淡路) 「담주(淡州)」 하 4군을 주관함. 「진명(津名), 삼원(三原), 육도(六島), 회도(繪島)」 사방이 하루거리다. 이 나라의 어미 고장이다 (왜의 속언에 전하여 오는 말에 의하면 왜의 시조가 이 섬으로 내렸다 하므로 나라의 어미라 한다). 이주(二柱)라 부르며 의복, 소금, 물고기가 모자라지 않고 좋은 재목도 많다. 소 상국임(협판중부脇坂中敷의 차지다).

(아파阿波) 「파주(波州)」 상 9군을 주관함. 「삼호(三好), 마식(麻植),

명동(名東), 명서(名西), 승변(勝鱐), 나하(那賀), 판야(板野), 아파(阿波), 미마(美馬)」사방이 이틀거리다. 흙땅이 두툼하고 기장과 벼가 잘 익는다. 산이 깊다. 물고기와 새, 짐승 따위가 많다. 중 상국임(봉수하아파수가정蜂須賀阿波守家政의 차지다).

(찬기讚岐)「찬주(讚州)」상 11군을 주관함.「대내(大內), 한천(寒川), 삼수(三水), 삼야(三野), 산전(山田), 신예(神刈, 신神은 예刈로도 쓴다), 아야부(阿野府), 제족(鵜足), 나하(那賀), 다도(多度), 향아(香阿)」동서가 사흘 거리다. 산과 논과 밭이 고르므로 오곡이 풍성하다. 물고기며 조개 따위가 많고 이름난 사람이 이 지방에서 많이 났다. 대 중국임(생구아악駒雅樂과 그의 아들 찬기수일정讚岐守一正이 나누어 차지하였다).

(이예伊豫)「예주(豫州)」상 14군을 주관함.「신거(新居), 주부(周敷), 상촌(桑村), 월지(越智), 풍한(風旱), 야문(野間), 지기(智器), 온천(溫泉), 구미(久米), 부혈(浮穴), 이예(伊豫), 희다(喜多), 우화(宇和), 우마(宇麻)」사방이 이틀거리다. 들과 논밭(화속전火粟田을 전畑이라 한다)이 많고 뽕, 삼, 소금, 풀이 풍성하다. 대 중국임(등당좌도수藤堂佐渡守와 가여좌마조加麗左馬助 및 소전좌마조小田左馬助의 차지다. 이예수수웅伊豫守秀雄이 죽자 소천小川이 그 뒤를 가로맡은 것이다).

(토좌土佐)「토주(土州)」중 7군을 주관함,「토좌(土佐, 오즘는 오五로도 쓴다), 고강(高岡), 선다(旋多), 장강(長岡), 오천(五川), 전도(畑島), 향미(香美)」동서가 이틀거리다. 토지는 기름지고 오곡이 깨끗이 익는다. 좋은 재목이 많다. 중 상국임(장증아부상좌수성친長曾我部上佐守盛親의 차지로 기해년 봄에 죽자 그의 아들이 그 뒤를 이었다).

서해도(西海島) 9국(九國)

(축전筑前) 「축주(筑州)」 상 20군을 주관함. 「지마(志摩), 가마(嘉麻), 수상하(須上下), 지하도(志賀島), 어립(御笠), 종상(宗像), 원하(遠賀), 석전(席田), 수파(穗波), 조랑(早良), 나가(那珂), 석가(釋迦), 모도(牟島), 조옥(糟屋), 이사(怡士), 석내(席內), 안수(鞍手), 잔도(殘島), 하석(下座), 상석(上座, 국부國府는 대재大宰와 어우르다). 남북이 나흘 거리다. 쌀, 조, 보옥, 기계가 다 있다. 중 상국임(축전중납언목하금오筑前中納言木下金吾의 차지다. 적괴의 본부의 조카다. 지하도志賀島는 중천수리대부수성中川修理大夫秀成의 차지다).

(축후筑後) 「축주(筑州)」 상 10군을 주관함. 「어원(御原), 어정부(御井府), 생상(生桑, 엽엽으로도 쓴다), 삼저(三猪), 삼모(三毛), 상처(上妻), 하처(下妻), 산문(山門), 산하(山下), 죽야(竹野)」 남북이 닷새 거리다. 곡식과 물고기는 이루 셀 수 없으리만큼 있다. 보물과 기계도 많다. 대 중국임(금오金吾의 차지다).

(풍전豊前) 「풍주(豊州)」 상 8군을 주관함. 「전하(田河), 금구(金救), 경도부(京都府), 중진(仲津), 축성(筑城), 상모(上毛), 하모(下毛), 우좌(宇佐)」 남북이 나흘 거리다. 중국과 이웃하였고 각종 기계가 가득하다. 비단으로 나라에 바친다. 대 중국임(흑전갑비수黑田甲斐守 및 모리생기수毛利生岐守의 차지다).

(풍후豊後) 「풍주(豊州)」 상 8군을 주관함. 「일전(日田), 구주(球珠), 직입(直入), 대야(大野), 해부(海部), 대방(大方), 속견(速見), 국기(國崎)」 사방이 사흘 거리다. 뽕과 삼이 많다. 의복이 넉넉하다. 오곡과 중국 물건이 많다. 중 상국임(복원우마조福原右馬助와 대전비탄수大田飛彈

守와 모리민부대보毛利民部大輔와 중천수리대부수성中川修理大夫秀成
과 조천주마두장정早川主馬頭長政과 죽중원개竹中源介 등이 차지하였
다. 우마조右馬助는 후에 중이 되어 토지가 깎이었다).

(비전肥前)「비주(肥州)」상 12군을 주관함.「집휘(執諱), 양부(養父),
삼근(三根). 소성부(小城府), 신기(神埼), 좌하(佐賀), 송포(松浦), 저도(杵
島), 등진(藤津), 피저(彼杵), 갈목(葛木), 고래(高來)」남북이 닷새 거리
다. 흙땅이 두툼하다. 씨는 백 곱을 거둔다. 뽕, 석류, 농의(農衣)가
후하고 물고기, 새가 먹을 만큼 있다. 중 상국임(용장사龍藏寺는 큰
성바지로 이 지방을 차지하였다. 당선唐船과 유구硫球・남만南灣・여
송呂宋 등지의 상선의 왕래가 끊이지 않는다. 당진唐津・명호옥名護
屋 등지는 사택지마수정성寺澤志摩守政成의 차지다. 그로 말미암아
수로 봉행水路奉行이 되어 우리나라 사람들의 오고 가는 접대 사무
를 주관하였다. 평호도平戸島는 송포법인松浦法印의 차지요, 양천립
귤좌근楊川立橘左根은 또 비전肥前의 한 귀를 차지하였다. 지방은 작
지만 병졸은 강하다고 한다).

(비후肥後)「비주(肥州)」대 14군을 주관함.「옥명(玉名), 산록(山鹿),
산본(山本), 국지(菊池), 아소(阿蘇), 합지(合志), 탁마(託摩), 구마(球磨),
포전부(飽田府), 익성(益城), 우사(宇士), 팔대(八代), 천초(天草), 위북(葦
北)」사방이 닷새 거리다. 재목과 땔나무가 넉넉하다. 오곡, 물고기,
종이, 솜이 많다. 대 중국임(가등주계청정加藤主計淸正과 소서섭진수
행장小西攝津守行長이 나누어 차지하였다).

(일향日向)「향주(向州)」중 5군을 주관함.「구저(臼杵), 아탕부(兒湯
府), 나가(那珂), 궁기(宮崎), 제현(諸縣)」사방이 사흘 거리다. 뽕, 삼,
오곡이 고르다. 모자라서 주리고 추운 고장이다. 중 중국임(도진병고

의홍島津兵庫義弘의 차지다).

(대우大隅)「우주(隅州)」중 8군을 주관함.「대우(大隅), 몽예(蒙刈), 상원(桑原), 증어부(贈於府), 시라(始羅, 始는 고姑로도 쓴다), 간속(肝屬, 또 부附로도 쓴다), 구로(駒路), 웅미다칭도(熊尾多稱島, 이 섬은 군밖으로 바다 가운데 있다)」동서가 이틀거리다. 비록 작은 나라이지만 먹을 것은 풍족하다. 물고기 따위가 많다. 종이나 비단이 유독히 많다. 중 상국임(의홍義弘의 차지다).

(살마薩摩)「살주(薩州)」중 십사군을 주관함,「출수(出水), 고성(高城), 살마(薩摩), 일치(日置), 이좌(伊佐), 아다(阿多), 하변(河邊), 관성(款姓), 지숙(指宿), 결려(結黎), 계산(溪山), 여소도(與小島), 녹아도(鹿兒島), 증도(甑島)」사방이 이틀거리다. 비록 작은 나라이지만 중국과 이웃으로 일용품은 다 갖추어 있다. 뽕과 삼베옷이 없다. 중 상국임(의홍義弘의 차지다. *저자 거리는 거의 반이 중국 사람들이요, 당선唐船·밀선密船이 쉴 새 없이 들락거리며 묵는다).

(일기壹岐)「일주(壹州)」하 2군을 주관함「일기(壹岐), 석전(石田)」사방이 하루거리다. 이 주(州)와 대마(對馬)를 두 섬[島]이라 하나니 서녘 오랑캐가 침략하는 까닭에「권청수좌비공勸淸守左備貢」(미상한글—역자)이다. 색다른 칭호다(송포법인松浦法人의 차지인데, 비전肥前의 평호도平戶島까지 차지하고 있다).

(대마對馬)「대주(對州)」하 2군을 주관함.「상현(上縣), 하현(下縣)」사방이 하루거리다. 일본을 떠나 있는 지방이므로 색다르게 불리운다.「권청신수당勸淸神隨唐」(미상한글—역자)이다. 그러므로「피치탐제직(被置探題職)」소 하국임(약시대마수의지弱柴對馬守義智의 차지다).

(우시羽柴) 수길이의 본성(本姓)이다. 수길이는 의지(義智)가 우리나

라 침략의 앞잡이가 되어 주는 것이 고마와서 제 성을 주어 그의 공을 치하하였다. 평조신(平調信)은 의지의 가로(家老)다.

왜인들은 양천하야수(楊川下野守)라 부르니 이 섬 일을 맡아서 혼자 다스리고 있다. 현소(玄蘇)는 의지의 모주승(謀主僧)인데, 왜인들은 그를 안국사서당(安國寺西堂)이라 부른다(승僧은 벼슬 이름). 그는 주로 우리나라와의 서신 왕래를 맡아보고 있다.

이 곳의 읍은 방진(芳津)이라 부르는데 형세는 비록 좋으나 본 고장 성곽과는 아주 딴판이어서 큰 산 밑이요, 큰 바다의 어구에 위치하여 있고 높은 성이나 깊은 연못이 없어서 막아냄직한 모습은 전연 없다. 모두 우거진 산으로 둘러싸여 있으니 숨자면 그저 쥐구멍 찾는 정도를 벗지 못하리라.

동으로 일기도까지 하룻 바람을 꼬박 받아야 건널 수 있고, 남으로는 평호도(平戶島)는 일기보다는 가까우나 풍랑이 아주 거세다. 서로 풍기(豊崎)를 가자면 육로로 이틀이요, 배로는 순풍에 하룻길, 노 저어서 이틀 길이다. 풍기에서 우리나라 갯가까지는 겨우 한나절 폭이면 된다. 이 곳 산은 동서가 길고 남북이 짧다. 토지는 자갈밭이요, 논이란 한 뙈기도 없다. 채소나 보리씨도 죄다 모래자갈 위에다 뿌리니 컸댔자 몇 치 자라지 못한다. 평상시에는 우리나라 무역을 통해서 겨우 그들의 생계를 유지할 수 있으니, 흑각(黑角)이며 호초(胡椒) 같은 것은 남양 등지에서 오고, 수달피니 여우 가죽 같은 것은 제 나라에 있기는 하나 쓸데가 없으므로 왜놈들은 그들에게서 싸게 사서 우리나라에다 비싸게 팔아먹는다. 나사(羅紗)·능단(綾段)·닻줄[劎布]·금·은 같은 것은 저희들도 귀중하게 여기기 때문에 우리나라로 되돌려 팔지 못한다. 이 곳 여자들은 대부분 우리나라 치마 저고리를 입고 지내며, 남자들은 거의 우리나라 말에 익숙하다.

그들은 왜국을 가리켜 언제나 '일본'이라 부르고 우리나라를 가리켜 언제나 '조선'이라 부르니, 그들은 아주 일본으로 자처하지 않는다.

평소에는 우리나라에서 받는 이익이 일본보다 많은 까닭에 장군이나 졸막동이에 이르기까지 우리나라를 떠받드는 마음이 일본에 붙자는 마음보다 더 많다. 그러기에 길은 멀고 풍랑은 거세다는 핑계로 우리나라는 건드릴 수 없느니라고 일러 오더니, 수길이가 육십육주를 온통 삼켜 버리자 의지는 큰 죄나 진 것처럼 벌벌 떨면서 우리나라를 팔아 수길이의 환심을 사려고 했던 것이다. 그리하여 우리나라 침략의 선봉이 되니 수길이는 축전(筑前)·박다(博多) 등지를 떼어 상으로 주고, 대마도 놈들은 쌀밥을 얻어먹게 쯤 된 것이다. 전에는 우리나라에서 주는 사미(賜米)를 받아먹고 살았을 뿐이다. 그러나 그들은 아직도 왜경에는 집 한 채가 없고, 의지는 제 장인 행장의 집 근처에 여관을 얻어 잠시 유숙하고 지낼 따름이다. 다른 장군들과 동등한 대우는 받지 못하고 지낸다.

대개 본국 깊숙이 들어 있는 왜놈들은 악착스럽기는 하나 간사하지는 않기 때문에 우리나라 사정은 아무 것도 모르며 8년이나 싸웠지만, 우리나라 변장(邊將)의 이름 하나도 똑똑히 아는 놈이 없다. 그러나 대마도 놈들은 악착스럽기는 덜 하나 아주 간사스런 꾀는 말할 수 없기 때문에 우리나라 내정을 모르는 것이 없다. 평소에 섬 중에서 아주 영리한 아이를 골라 우리나라 말을 가르치며, 우리나라 서계(書啓)나 편지투의 이모저모를 가르치며, 아무리 꿰뚫어진 사람의 눈으로라도 졸지에 그것이 왜놈의 글인지 어떤지를 알아 낼 수 없게 한다. 우리나라와의 사이에 틈이 나지 않으면 꼭 달라붙고 왜놈들이

강해지면 우리나라를 팔고 농락하여 침략의 앞잡이가 되니, 그의 흉칙 망칙한 꾀부림은 한두 가지가 아니다. 우리나라 변장들의 시책이 조금 치라도 비뚤어지면 또다시 이놈들에게 속아 넘어가고야 말 것이다.

기미지책(羈縻之策)을 실시하자면 북도 야인 연향(北道野人宴享)의 예를 따라야 할 것이다. 감병(監兵)들은 그로 하여금 언제 올 것을 미리 알리게 하고, 오면은 부산(釜山)과 동래에 모여 기다리게 하는 것이 옳다. 많은 비용을 들여 서울까지 데려 올 것은 없고, 또한 서울 장안의 허실을 그들에게 보여 줄 필요도 없는 것이다. 또 북도 야인 상사(北道野人賞賜)의 예를 따라야 할 것이니, 우리나라 토산으로 그들의 방물(方物)에 대한 대접을 하여 주면 좋다. 영남 세곡을 실어다가 그들의 양을 채워 줄 것까지는 없다. 그들이 가지고 온 흑각(黑角)·달피(獺皮)·단목(丹木)·호초(胡椒)·유황(硫黃)·호피(狐皮) 등 물건은 감병이 부산대수(釜山大守)에게 엄명을 내려 상·중·하로 나누어 가격을 결정하게 하되, 부산에서 팔고 가도록 하는 것이 옳다. 서울까지 실어 올려 많은 노력을 허비하고 또 서울 장사치들이 가격이 이러니 저러니 하여 괜히 놈들의 비위를 거스리게 할 것은 없다. 물건을 가져오는 시기는 한 달에 언제 언제라는 것을 미리 결정하여 무시로 내왕하는 폐단이 없도록 할 것이며, 가져오는 배의 척수도 일정한 수효를 지정하도록 해서 수많은 배를 늘어 세워 무슨 배인지 구별하기 어렵도록 하는 폐단을 미리 막아내야 한다. 그리고 그들은 일정한 사관을 정하여 외부와의 자유로운 접촉을 못하게 하여야 한다. 왜 그러냐 하면 철모르는 우리나라 백성들이 그들에게 우리나라 방비가 잘되고 못된 것을 알리는 일이 있어서는 안 되기 때문이다.

그들과 통상에 관한 이러한 엄격한 약속이 성립된 후에 예의와 신의로서 접대하여 주면, 그나마도 고맙게 여겨 감지덕지할 것이라 서울로 안 데리고 간다는 등, 세미를 안 준다는 등의 불평을 차마 할 수 있겠는가! 그러나 본국 깊숙이 들어 있는 왜놈들이 또 어떤 일을 꾸미고 있는지 모르기 때문에 그럴 때면 언제나 무시로 쫓아와서 일러주도록 하면 섬놈들은 전일의 잘못을 용서받기 위하여서였든지, 우리나라의 신용을 얻기 위하여서였든지 반드시 쫓아 와서 알려 줄 것이다. 그리하여 우리나라로 하여금 미리 예비책을 강구하도록 할 것이다. 왜놈들과 접촉하려면 무엇보다도 먼저 대마도와의 접촉을 꾀하여야 하고 대마도와의 접촉은 위에서 말한 방책 이외에 별다른 방책이 없을 것이니, 뒷날 이놈들을 어떻게 처리하여야 하는가 하는 문제에 부닥칠 때에는 반드시 한 참고가 될 것을 믿는다.

이 외에 구량부(求良部)・평호도(平戶島)・오도(五島)・칠도(七島)・다미도(多彌島)・일주수도(一舟叟島)・증도(甑島)・팔장도(八丈島)가 있으니 그 지방이 더러는 대마(對馬)・일기(壹岐)보다 큰 것도 있다.

3) 왜장들의 인물[壬辰丁酉入寇諸倭將數]

(적중봉소편 중에 나와 있기 때문에 여기에서는 그 성명의 열거는 삭제한다.)

가강(家康)은 관동대수(關東大帥)다. 시방은 내부(內府)라 부른다. 등원원의정(藤原源義定)의 11대 손이다. 의정은 관백 벼슬을 살았고, 대대손손 관동(關東)에 터를 잡고 지낸다. 그의 식읍은 줄줄이 8주나 뻗어 있고 날래고 괴팍스런 성품에다 싸움질을 좋아하기 때문에 전국을 통틀어 감히 그와 자웅을 견줄 자가 없었다. 가강 시대에 와서 비로소 수길이가 신장(信丈)의 뒤를 이으니, 가강은 버티면서 복종하려 하지 않았다. 그러므로 수길이는 친히 군사를 끌고 가강을 쳐부수려고 하였던 것이다. 가강도 그대로 있을 가강이 아니다. 날랜 군졸만 8,000을 거느리고 상모(相模)에서 역습·분전하였다. 이 싸움에 도리어 수길이의 진이 무너짐에 그제야 수길이가 화해를 걸었다. 가강도 그 바람에 옛날의 숙원을 풀고 대세에 좇아 수길이의 군문에 항복하고 말았다. 그리하여 신하의 예로써 수길이를 떠받아 평생을 두고 변함이 없이 지내게 되었던 것이다.

그의 큰아들 삼하수(三河守)는 지혜와 용맹이 가강보다 낫다고 한다. 그러나 가강은 그의 둘째 아들 강호중납언(江戶中納言)을 어여삐보아 그로 하여금 그의 뒤를 잇게 하였고, 그의 막내아들에 일기수(壹岐守)라 부르는 놈이 있는데 나이는 겨우 열 살밖에 안 된다고 한다. 가강의 나이는 올해 예순 셋이요 토지 수입은 이백 오십만 석이라 하지만, 실지는 그의 배나 될 것이다(전적田籍에 의해서 수길이는 말하기를 이백 오십만 석이라 하지만, 제 선조와 제 자신이 개간한 토지는 그 안에 들지 않았기 때문에 곱절이나 될 것이라 한다). 그는 차분한 성격에 말씨도 적고 얼굴이나 몸집도 두툼하게 생겨 덕스러운 편이다. 성터며 집터도 튼튼하게 짜여 있다. 수길이가 살았을 적에는 많은 인심을 얻었으나, 수길이의 뒤를 갈음하게 되자 도리어 일반의 신망이 떨어져 갔다(수길이는 성터를 공격하고 적을 쳐부수되, 적이 항복하여 오면 지난날의 원한 같은 것은 씻은 듯이 잊어버린다. 성터나 백성들의 집터도 손을 대지 않고 오히려 다른 고을을 덧붙여 주는 일까지 있다. 그러나 가강은 하는 짓이 명랑하지 못하고 컴컴하다. 한 번 비위에 틀리면 그 사람을 죽을 고비에 몰아넣고 만다. 그러기에 부하들도 코앞에서만 슬슬 기지 한 놈도 믿고 따르는 놈이 없다고 한다).

휘원(輝元)은 경서대수(京西大帥)다. 임진년 침략 당시 원수(元帥)가 된 자다. 안예중납언(安藝中納言)이라 불리우고 혹은 모리중납언(毛利中納言, 안예安藝는 주州의 이름이요, 모리毛利는 그의 성姓이다)이라 부르기도 한다. 전에 백제가 망하자 임정태자(臨政太子)는 배를 타고 왜국으로 망명하여 와서 대내좌경대부(大內左京大夫, 왜인들은 왕을

대내大內라고 부른다. 그러므로 지금도 주방주周防州에는 대내전大內
殿이라는 칭호가 있다)가 되었으니, 그 때의 도읍터는 주방주(周防州)
다. 그의 자손은 37대나 뻗어 내려 왔고, 줄줄이 내려오면서 왜국 벼
슬을 살았으며, 토지도 그대로 차지하고 산다. 그런데 휘원의 선조
는 그 때 따라 온 사람 중의 하나이었다. 임정태자의 후손은 다다량
(多多良)씨가 되고 휘원의 선조는 대강(大江)씨가 되었더니, 그 뒤에
모리(毛利)씨로 고쳤다. 임정의 후손이 끊어지자 휘원의 선조가 그
뒤를 가로맡아서 그의 토지를 차지하였고, 도읍을 안예주의 광도(廣
島)에 두니 물자가 넉넉하고 많아서 그의 힘이 왜경에 비김 직하다.
이 곳 인심은 다른 곳에 비하여 순후한 편이다. 성품은 너그럽고 느
릿느릿한 것이 마치 우리나라 사람과 비슷한 점이 많다고 한다. 휘
원의 나이는 금년에 마흔 여덟이다. 식읍은 경서 9주(京西九洲)에 뻗
어 있고 토지 수입은 일백 오십만석이라 하지만, 실지로는 훨씬 더
넘으리라. 수가(秀家)와 함께 적괴의 무리한 명령에는 눈살을 찌푸렸
다. 할 수 없이 당하기는 하였지만, 우리나라 사람들의 코를 베어 올
리려 할 때

　(가엾은 일이다.)

　(차마 어떻게 손을 댄담.)

　그는 이렇게 가엾이 여기는 감정을 가졌었다고 한다.

　전전비전수(前田肥田守)는 가하대납언(加賀大納言)의 아들이다(전전
前田은 그의 성이다). 대납언은 본래 벼슬이나 세력이 가강에 지지
않았다. 수길이가 죽을 때 수뢰(秀賴)를 비전수에게 맡기면서

　"너는 비전중납언수가(備前中納言秀家)와 함께 수뢰를 받들고 대판
(大坂)에서 살면서 모든 일을 보살펴 주되, 뒷일은 네게 일임하니 그

리 알아 처리하여 다오."

그리고 수길이는 죽었다. 대납언도 무술년 겨울에 죽으니 비전수는
월중(越中)·가하(加賀)·능등(能登) 세 주를 물려받게 되었다. 수뢰를
받들고 대판에 자리를 잡음에 불꽃같은 세력이 가강만 못지 않았다.

높이 솟은 문루와 대판내성(大坂內城)에서는 경승(景勝)·정종(政宗)·
좌죽(佐竹)·수가(秀家)·청정(淸正)·월중수(越中守) 등 군별들이 몰래
모여서 가강을 죽이고, 그의 토지를 나누어 먹자는 삽혈동맹(歃血同
盟)을 맺고 제각기 제 고장으로 돌아갔다. 이 때에 월중(越中)의 석전
치부소보(石田治部少輔)는 가강에게 버림을 받아 제 사읍인 근강주(近
江州)에서 귀양살이를 하고 있었다. 그는 이러한 음모가 있는 것을
알고 가강의 환심을 살 양으로 글을 보내어 그에게 밀고하였던 것이
다. 이 기미를 안 가강은 기해년 9월 9일에 수뢰(秀賴)를 뵈온다는
핑계로 그들이 귀향한 틈을 타서 대판성으로 들어갔다. 그는 거기서
비전(肥前)의 부하들을 불러 세워 놓고 그들의 문루를 헐어버리라는
명령을 내렸다. 그들은 모두 말하기를

"그건 안 될 말씀이오. 우리 주인은 지금 여기 계시지도 않고 또
그런 명령을 우리는 받지도 않았습니다. 죽기사 한 번밖에 더 죽을
까요? 내부의 명령을 거역하다가 죽는 것이 우리 주인의 명령을 어
기다가 죽는 것보다는 낫지 않을까요?"

이렇게 빳빳이 대답하는 통에 가강은 분통이 터질 대로 터졌다.
수가(秀家)는 비전의 처생질이다. 그는 비전의 부하더러

"그대들 주인이 나중에 무슨 말이 있더라도 그 책임은 내가 질 테야?"

이르고 모두 헐어 가도록 하였다. 일이 이렇게 된지라 가강은 하
는 수 없이 그의 관동에 있는 장군들을 불러 세워 비전이 서울로 올

라오는 길목을 막도록 하였고, 다시 석전치소보를 시켜 근강주의 요
지를 끊게 하였다. 비전수도 성터를 수리하여 굳게 지킬 계책을 세
웠고, 틈틈이 사냥을 떠세고는 정병 수 만명을 끌고 월중(越中)·월
후(越後) 등지를 헤젓고 다녔다. 경승 등 비밀 동맹원들이 또한 뒷전
을 보아주기로 하였다. 이런 정세이기 때문에 여러 사람들은 가강더
러 차라리 화해를 하도록 하였으나, 가강은 그들이 듣지 않을까 봐
눈치만 보고 있는 형편이다. 대체로 전쟁이 아니면 화해요, 화해가
아니면 전쟁이리라. 다행히 화해가 성립되지 않아야만 할 터인데,
그러면 놈들의 고장은 장차 전쟁의 수라장이 될 것이다. 그렇게만
되면 우리나라의 다행을 어찌 이루다 말하겠는가?

경승(景勝) 그는 지금 월후납언(越後納言)이라 불리운다. 대대로 월
전(越前)·중(中)·후(後) 세 주를 의지하고 살았다. 적괴가 신장(信長)
의 뒤를 잇자 경승이 싸움에 패하여 항복하니 그 후로 수길이는 출
우(出羽)·좌도(佐度) 두 주를 경승에게 주고, 월후 지방은 빼앗아다
가 굴리구태랑(堀里久太郎)에게 주었다. 그러므로 경승의 마음이 온
전할 리가 없다. 그리고 월후의 백성들도 예전 주인 정승에게로 쏠
리는 편이 더 많았다. 가강이 수길이의 뒤를 잇게 되자 비전수와 가
강과의 사이에는 틈바구니가 생겼다. 그래서 경승은 간다 온다는 말
도 없이 서울을 벗어나 제 고을로 돌아와 버렸다. 돌아 와서는 비전
수와 결탁하여 군사를 거느리고 월후의 옛터를 공격하니 굴리(堀里)
는 겁이 바짝나서 허둥지둥 가강에게 구원을 청하지만, 가강 역시
제 본 바탕이 위태로운 판이라 좀처럼 군사를 움직일 형편은 못 된
다. 유화책을 써서 자주 편지를 띄워 경승으로 하여금 다시 서울로
올라오라 하지만 경승은 끝내 듣지를 않았다.

(왜인들은 모두들 말하기를 경승이 만일 비전수와 함께 동맹군을 끌고 곧장 가강의 본거지를 공격하였더라면, 가강은 진퇴 양난에 빠지고 말았을 것이다. 본거지를 건지기 위해서 돌아가면 청정 일파가 한꺼번에 일어날 터이니 두 서울을 다 빼앗기게 될 것이요, 돌아가 본거지를 건지지 않으면 그의 근본이 먼저 무너지고 말 것이니 앞뒤로 적을 맞는 그런 격이 된다. 그런데도 경승 일파는 끝내 자중하는 태도만 취하니 딱할 노릇이다. 미욱한 생각에 행여나 어찌될까 겁이 나서 그러는 것이니, 내친걸음이니 한 번 부닥쳐 보겠다는 생각은 못 가진 것 같아 보인다라고.)

정종(政宗)은 대대로 육오(陸奧) 한 주를 차지하고 살아왔으며, 부와 귀가 전국을 뒤흔들 정도였으나, 수길이가 신장을 갈음하자 정종은 싸움에 실패하여 항복하고 말았다. 금·은·곡식의 산출은 다른 지방의 곱절이나 되지만, 길이 멀고 하늬바람은 사나와서 배가 엎어지는 일이 많기 때문에 그의 서울 살림은 군색하여 휘원 같은 사람의 절반도 못된다(정종의 성품은 괴팍하고 흉칙하다. 북쪽 놈들은 더욱더 심한 편이다. 제 형을 안 죽이나! 제 아들을 안 죽이나! 그런데다가 잔꾀도 이만저만한 작자들이 아니다. 복견성에 물이 없어 곤란을 받게 되자 정종은 한 의견을 냈다. 긴 홈대를 만들어 강물을 끌어다가 수길이의 성 안으로 내리 댔다. 그러기에 지금도 성 안 남녀들은 모두 그의 덕을 보고 산다고 한다).

좌죽(佐竹)은 대대로 상륙(常陸) 등 몇 주를 차지하고 살아오는데, 수길이의 시대가 되어도 전과 다름이 없다.

최상(最上)은 대대로 육오(陸奧)의 한 귀를 차지하고 사는데, 수길이의 시대가 되어도 전과 다름이 없다.

축전중납언금오(筑前中納言金吾)는 수길이 본마누라의 조카요 휘원의 사위다. 수길이가 언젠가 제 성을 '목하(木下)'라 하니 금오도 덩달아 '목하금오(木下金吾)'라 하였다. 그는 약주소장승준(若州小將勝俊)과 시노성주우위대부(始路城州右衛大夫)와 궁내소보(宮內少輔)와 사형제인데, 금오는 그의 말째다. 어려서부터 수길이의 총애를 받았기 때문에 고을차지도 여러 형들의 곱절이나 되었다. 경자년에는 그의 나이 겨우 열아홉이었고 정유년 침략 때에는 원수(元帥)가 되어 부산에 주둔하였는데, 그때 군사들의 군율이 말이 아니었기 때문에 적괴는 몹시 마음을 조리었다(대체 그의 성품은 경박하여서 웃었다 성냈다 갈피를 잡을 수가 없다. 그의 형들과는 아주 다른 들까붙이다. 순수좌(舜首座)가 일찌기 금오에게 글씨를 가르쳐 준 일이 있기 때문에 그의 위인이 어떤가는 유달리 잘 알고 있다 한다. 토지 소출은 구십구만석이다).

비전중납언풍수가(備前中納言豊秀家)는 수길이 수양딸 사위다. 맨 처음 적송파마수(赤松播摩守)의 휘하에 있다가 수길이에게 붙어서 출세하였다. 그의 선조는 우리나라 사람이다. 비전(備前)의 한 주와 비중(備中)의 반과 미작(美作)의 반을 차지하였고, 비전의 절산에 읍터를 정했다. 군졸이 날래고 병기는 버젓하며, 토지는 기름지고 물산도 풍부하다. 임진년 침략 때에는 서울 남별궁(南別官)에 들어 왔으나, 그는 사람을 죽이거나 물건을 약탈하지 못하게 엄금하고 수많은 우리나라 청장년들을 사로잡아 갔다. 가강과는 서로 시기하고 원망한다. 정유년 침략 때에는 더욱 함부로 하는 일이 많아서 군졸들의 신망이 떨어졌다. 경자년 4월의 일이다. 수가의 하는 짓에 화가 난 그의 부하들이 칼을 들고 덤벼들었다.

"당신의 버릇을 좀 고칠 테요. 어쩔 테요. 만일 안 고치면 우리들도 가만히 있지 않을 테니 알아서 하오."

마구 우겨대는 바람에 어쩔 줄을 몰라 벌벌 떨었다. 대곡형부소보(大谷刑部少輔)가 이 소문을 듣고 수가를 빼내어 함께 배를 타고 대판으로 내려 왔던 것이다. 이렇게 해서 일은 끝나고 말았으나 주모자 가운데 몇 놈은 자살하고 몇 놈은 뺑소니쳐 버렸다. 그리고 그 외는 모두 모르는 척하여 버렸다. 그런데 가강은 수가의 집안 싸움을 달콤하게 여겼기 때문에 사람 죽인 놈의 죄까지도 모르는 척 하려고 하니 이는 가강의 인품이 너무 잘기에 그런다고 수군거린다고 한다. 토지 소출은 육십구만석이다.)

의홍(義弘)은 도진병고두(島津兵庫頭, 도진島津은 그의 성이요, 병고두兵庫頭란 무고武庫의 어른이란 뜻이다)라 부른다. 대대로 살마(薩摩)·대우(大隅)·일향(日向) 등 주를 차지하고 지내 왔다. 그 지방은 중국(대당大唐)·유구(琉球)·여송(呂宋) 같은 나라와 가장 가깝고, 중국·남양 등지의 배편 왕래가 잦은 곳이다. 저네들이 명나라나 남양을 가려 해도 다 이곳을 거쳐야만 된다. 그러므로 저자거리를 나서 보면 외국 상품이 그득그득 쌓여 있고 외국 상인들의 점포도 줄줄이 늘어 박혔다. 의홍은 무용이 또한 남에게 지지 않을 만한 인물이다. 그러기에 왜놈들은 너나 없이 말하기를

"의홍이 만일 제 실력을 제대로만 발휘하게 된다면 아마 일본을 들어 삼키는 따위 일도 그리 어렵지 않을 것이야!"

라 한다. 더구나 그의 부하에는 날랜 재주꾼이 많고, 또 대대로 내려오는 신하들도 적지 않다. 이러한 그라 신장의 만년에는 구주 지방을 송두리채 삼켜버렸고(서해 한 도道를 구주九州라 하는데 일기·대

마는 그 안에 들지 않았다), 수길이가 나서자 친히 군사를 이끌고 나아가 싸웠으나 끝내 성공하지는 못하였다. 그러나 의홍은 자진해서 여섯 주를 수길이에게 돌려주고 자기는 제 주만을 도로 차지하였다.

정유년 침략 때에 그의 부하가 사천에 진을 치고 있었다. 그런 것을 무술년 봄에 명나라 군사가 이를 포위 공격하다가 도리어 크게 실패하였다. 그 때 왜놈들은 왁자지껄 떠들어댔던 것이다. 쇠가 쇠를 치다가 제 쇠가 부서졌다는 것은 이를 두고 이른 말이다. 기해년 봄에 8만석거리나 가진 그의 신하가 의홍에게 딴 마음을 품은 일이 있다. 그래서 겨우 열일곱 난 그의 아들을 일향주(日向州)에서 죽이고 창자를 부둥켜 쥔 그다. 열두 성읍을 차지하고 기쓰고 덤비려 하기 때문에 의홍은 친히 군사를 거느리고 이 자를 치기로 하였다. 쌓인 시체로 산을 이루는 싸움이었으나 빼앗은 성이라고는 겨우 셋밖에 되지 않았다. 금오(金吾)·청정(淸正) 등이 응원병을 보내 주마 해도 의홍은 이를 거절하였다. 그는 말하기를

"나는 그런 미봉책은 싫소. 내 힘으로 그 놈을 죽여 없애고 말 테요. 내 일에 어찌 남을 괴롭혀 가면서까지 응원을 청하겠소."

모반한 놈도 백방으로 가강 같은 이들에게 뇌물을 써서 인제는 화해를 붙여 주도록 청을 넣었다. 그래서 죽기만은 면해 볼까 해서다. 일년동안 그럭저럭하는 사이에 의홍의 정예 부대는 태반이 없어졌다. 모두 죽고 상하게 되었기 때문이다. 가강은 못내

(야불방한 일이다.)

라고 은근히 좋아했을 것은 물론이다. 이 외의 왜장들로는 굴모씨(掘毛氏)·굴리씨(掘里氏)·통정씨(筒井氏)·진전씨(眞田氏)·증전위문위(增田衛門尉)·석전치부(石田治部)·복도대부(福島大夫)·전중병부(田

中兵部)·궁부병부(宮部兵部)·대곡형부(大谷刑部)·용장사생전(龍藏寺生田)·삼좌술문(三左術門)·주계청정(主計淸正)·섭진수행장(攝津守行長)·천야탄정(淺野彈正)의 아비와 아들·기부중납언(岐阜中納言)·우시출우수(羽柴出羽守)·소장승준(小將勝俊)·좌야수리(佐野修理)·아수가정(阿守家政)·생구아악(生駒雅樂)의 아비와 아들·토좌수성친(土佐守盛親)의 아비와 아들·흑전갑비수(黑田甲斐守)·등당좌도수(藤堂佐渡守)·가등좌마조(加藤左馬助)·장강월중수(長岡越中守) 같은 자들이 있으니 그들의 차지한 토지가 많으면 혹 사 오십만석이오, 적어도 십만 석 안짝은 없다. 십만석 안들이는 있네 없네 따질 나위도 없다고 한다.

적괴(賊魁) 수길이는 미장주(尾張州) 중재향(中材鄕) 사람으로 가정(嘉靖) 병신년에 났다. 놀랜 상우에 키는 난장이다. 장판이 원숭이를 닮은지라 제 소자(小字)를 원후(猿猴)라고 하였다(나면서부터 바른 손이 육손이다. 차츰 슬기차지자 '남들은 다섯인데 왜 나만 여섯이야! 여섯 개는 필요 없는 게 아니냐' 하고 제풀에 칼로 잘라 버렸다). 아비는 본래 가난한 살림으로 농가집 머슴살이를 지냈다. 천한 신세에 풀이나 뜯어 생계를 유지하였다. 차츰 슬기차지자 한번 뛰어 볼 생각을 품었다. 전관백 신장(信長)의 종이 되어 갔으나 별로 신통할 것이 없으므로 몰래 관동 지방으로 도망하여 버렸다.

몇 해를 그렁저렁 지내다가 도로 신장에게 쫓아와 잘못을 아뢰고 용서를 빌었다. 신장은 지난 일을 묻지 않고 다시 전과 같이 종으로 심부름을 시키게 되었던 것이다. 인제 수길이는 뼈가 못토록 그에게 충성을 다했다. 비가 오나 바람이 부나 밤낮을 가리지 않고 충실히 제 구실을 다 하려 들었던 것이다. 신장은 여러 종들을 시켜 저자거리의 물건을 사들이게 하였으나, 언제나 비싼 값에다 그나마 값이 맞잖으면 그대로 돌아오곤 하였다. 그러나 수길이를 시키면 언제나 싼값에 사들일 뿐 아니라 번개같이 다녀오는 것이다. 그리하여 신장은 그를 믿고 또 기특하게 여기게 되었다(실상을 어찌 보면 수길이는 신장을 넘겨짚고 하는 수작이었다. 신장의 은혜를 사자는 술책이다. 물건을 살 때는 언제나 제 돈을 덧붙여 사기 때문에 싼값으로 사는 것같이 보일 수밖에. 그러나 남은 종들은 그것을 모르고 감쪽같이 속아 넘어 갔던 것이다).

언젠가 신장이 북주(北州)의 모반자를 친히 정벌하려 할 때 종군 나간 수길이는 창을 들고 육탄으로 돌격하여 도처에서 군공을 세웠다. 그리하여 그 공으로 파마주(播摩洲)의 시로성(始路城)을 얻었고 얼마잖아서 또 축전수(筑前守)로 승진하였다. 처음에는 성을 목하(木下)라 하고 이름을 등길(藤吉, 혹은 등귤藤橘이라고도 한다)이라 하더니, 이 때에 그의 성을 고쳐 우시(羽柴)라 하고, 그래서 우시축전수(羽柴筑前守)라 부르게 되었다(왜놈들은 제가 난 고장 혹은 촌 거리의 이름을 따서 제 성씨를 만든다. 귀해지면 천할 때의 성씨는 버리고 천해지더라도 귀할 때의 성씨를 버린다). 신장의 말년에는 못된 짓이 늘어서 함부로 죽이고 마음대로 못살게 굴었다 여러 대신들을 시기한 끝에 무질서한 신경질을 냈던 것이다. 그러기에 사람마다 견디어 낼 수가 없어서 제 고장 성터나 다듬질하면서 어떻게 살아 날 궁구만을 꾀하게 되었다. 별소삼랑(別小三郎)은 파마(播摩)·인번(因播) 지방에서 신장에게 반기를 들었다.

신장은 이 자들을 마구 살육하여 버리기로 한다. 그러나 수길이는 제가 가서 타일러 보겠다고 청을 넣는다. 승락을 얻은 그는 친히

100여명밖에 되지 않는 군들을 데리고 길을 떠났다. 반란군이 성 밖에 이르자

"너희들은 거기 있거라. 너희들까지 괴롭힐 것 없이 혼자 들어가 보겠다."

"혼자 들어가서 어떻게 하실 작정이요. 같이 가십시다. 무슨 일이 생길지 모르는 판에 생사를 같이하여야 하지 않겠습니까?"

부하들은 매달려 울면서 만류하는 것이었다. 그러나 수길이는 빙 그레 웃으면서

"애들아! 들어보아라. 만약 승부를 겨누자면 100여명 군들을 가지고 무엇할 것이냐. 주린 범의 아가리에다 고기를 던져 주는 것과 무엇이 다르랴, 만일 승부를 겨누지 않는다면 혼자 뛰어 들어가도 그야 관계챦을 거야!"

그는 뿌리치고 혼자 들어갔다. 창칼도 다 내던지고 장사치 모양으로 변복하고 성안에 들어섰다. 문지기도 막지 않는다. 곧장 별소 있는 곳으로 뛰어가 별소의 손을 잡았다.

"주공(主公)이 그대를 후히 대접하는 데 무엇이 부족해서 모반하는 거요. 이제라도 늦지 않으니 무장을 풀고 나아가 사죄하시오. 그러면 용서를 받을 뿐 아니라 전과 다름없이 귀여워하여 주리다."

"인제는 할 수 없을 것 같소. 저지른 허물이 너무도 큰 걸요."

일이 이렇게 되고 보니 할 수 없다는 태도다. 별소의 부하들은 수길이를 죽여 버리자고 야단이다.

"그는 안 될 말이야! 그는 나를 위해서 온 사람이거든! 무얼 죽일 거야 있나!"

수길이를 잘 북돋워 성문 밖까지 내보내 주었다. 그 때 수길이의

부하들은 꼭 죽고 못 오고 말리라 생각했다. 그러던 것이 살아오지 않았나! 한편 놀라고 한편 좋아서 바로 이 소식을 신장에게 알렸다. 신장은 수길이에게 명령하여 별소를 공격하도록 하였고, 별소는 그 싸움에 패하여 서녘길로 도망하였다.

휘원은 그 때 산양(山陽)·산음(山陰) 지방 십 일주에 버티고 있으면서 신장의 지시를 듣지 않았다. 그래서 그는 수길이에게 명령하여 휘원도 쳐부시도록 하였다. 휘원의 별장 한 사람이 딴 성 하나를 굳이 지키도록 한다.

"고송(高松)으로 수길이의 군사를 막아내야 합니다."

이런 방침으로 싸울 제 수길이는 그 성 둘레에다 흙산을 쌓고 성 안으로 강물을 쏟았다. 흙산은 날마다 높아만 가고 물난리는 한 시도 끊길 바가 없으나, 물위로 길 남짓이나 남은 성 안 사람들의 버티는 마음도 또한 꺾이지 아니하였다.

그 때 마침 일향수명지(日向守明知)가 신장(信長)을 암살하였다.

"자 어떻소. 이판이 아니요."

하고 꾀어 바치는 자가 수없이 많았다. 돌아가서 한 몫 보자는 이야기다. 수길이는 일부러

"그런 소리는 듣기 싫다."

꾸짖으면서 그런 자들은 진중에서 손수 죽여버렸다. 그리고 성을 공격하기에만 바쁜 척하다가도 그런 건 나야 모른다는 듯 흐늘흐늘 놀기도 했다. 안국사(安國寺)는 휘원의 모주승(謀主僧)이다. 수길이는 서한을 보내어 그를 만나자고 청했다. 듣기가 바쁘게 쫓아온즉 수길이는 그를 그의 진중으로 맞아 들였다.

"잘 왔소. 내 이르리다. 성을 함락시키기는 문제가 아니요. 금방이

라도 되는 일이요. 그러나 죄 없는 수 만 명 백성들을 차마 고기밥을 만들 수가 없어서 참고 있는 거요. 만일 성주가 책임을 지고 자결하면 나는 화평에 응할 용의가 있소마는……"

"예. 잘 알겠습니다."

안국사는 이 말을 듣고 들어가 성주에게 말한 즉 성주는 할 수 없다는 듯이 뗀마를 타고 강물에 빠져 죽고 말았다.

그러자 휘원과는 감정을 풀고 서로 화해를 맺은 다음 군사를 몰고 동으로 올라 가다가 섭진주(攝津州)의 산기(山崎, 대판大坂과 복견伏見의 우치하(宇治河) 어구에 있다)에서 일향수(日向守)가 친히 끌고 오는 군사와 마주쳐 싸우게 되었다. 한가히 쉬다가 온 군사와, 금방 싸우다가 온 군사와는 서로 같을 리가 없고, 그 수효가 또한 엄청나게 틀리는 까닭에 수길이의 기세는 날로 더욱 높아 갈 뿐 수길이는 몸소 일향수의 머리를 베어들고 뭇 사람들에게 보임에 남은 군졸들은 저절로 무너지고 말았다. 수길이는 군중을 끌고 성안으로 들어 와서 신장의 시체 있는 곳을 찾았다. 그 놈의 대가리를 들고 산사에 올라 삼칠일 제사를 올렸다. 때에 한 나라를 통틀어 주인이 없다. 여러 사람들은

(앞으로 어떻게 되나.)

하고 벌벌 떨며 머뭇머뭇하고 있었으나, 수길이만은 저 할대로 하면서 조금도 꺼리는 빛이 없었다. 여러 대신들이 있었댔자 깩소리 하나 치는 놈이 없었고, 저를 따르지 않는 놈은 모조리 죽이기로 작정이다. 이러한 일로 그는 하루도 쉴 틈이 없는 성싶었다. 기이(紀伊) 지방 민중이 반란을 일으켜 수 십리에 뻗친 것을 수길이는 친히 나가서 그들을 전멸시켰다. 도진병고두의홍(島津兵庫頭義弘)은 대대로

살마(薩摩) 지방 세 주를 차지하고 지내다가 국내에 정변이 생긴 틈을 타서 구주(九州) 한 섬을 독차지하고 지냈는데, 수길이는 그를 또 다시 공격하였다. 의홍은 예전 세 주로 다시 돌아가고 다른 지방은 고스란히 수길이에게 바쳤다. 가강은 관동 지방 8주에 버티고 있으면서 정세를 관망하고 있었다. 수길이는 친히 나가서 그를 공격하다가 도리어 패전을 당했으나, 가강과 화친을 맺으니 가강은 몸을 굽혀 그에게 신첩(臣妾)의 예로써 대했다. 휘원도 이 소문을 듣고 비전(備前) 등 두 주를 바쳐 올렸다.

66주가 전부 평정이 되자 대마수의지(對馬守義智)는 섭진수행장(攝津守行長)을 통하여 우리나라 침략의 선봉이 되기를 꾀했다. 행장은 의지에게 딸을 주어 사위를 삼고 그로 인해서 수길이를 만날 길을 트게 하였더니, 수길이는 너무나 좋아서였든지 제 성을 의지에게 주어 우시(羽柴)라 부르게 하였다. 우리나라 사신이 왔을 적에 수길이는 왜승 태장로(兌長老)·철장로(哲長老) 같은 사람을 시켜 답장을 쓰게 하되 제 나라의 군사 동원 실정을 그대로 옮겨 놓게 하였다. 그런즉 그의 부하들은

"하구 많은 말에 그럴 것까지야 없지 않습니까? 그럴 듯하게 써 보내면 그들은 마음을 놓고 있을 것입니다. 그 통에 한번 뒤집어 보는 것이 좋을까 합니다."

"아니야! 그건 안 돼! 그러면 잠자고 있는 놈의 대가리를 자르는 거나 마찬가지야! 바른 대로 일러주고 그리고 저네들도 준비를 차리게 한 후에 가서 승부를 결단내는 것이 옳아."

수길이는 이런 배씸이었다.

중국인 허의후(許宜後)가 살마주(薩摩州)로 떠내려 와서 약이나 팔

면서 살았었다. 그러면서 그는 일본의 비밀 계획을 알아내 가지고는 그대로 본국에 알리곤 하였던 것이다. 이 기미를 안 이웃 사람, 그는 다른 사람도 아닌 동국인이다. 그 비밀 문서를 몰래 빼내 가지고 천야탄정(淺野彈正)에게 주었다. 천야는 그대로 둘 리가 없다. 이 사실을 수길이에게 알렸고, 의후는 산채로 왜경으로 보냈다. 누구나 다 그 놈을 삶아 죽여야 한다고 야단법석이다. 그러나 수길이는

"그럴 거 없대두! 그 놈도 대명인(大明人)이 아닌가. 명나라 사람으로 명나라를 위해서 일본 일을 알렸는데 무엇이 그리 나쁘단 말인가! 나는 몰래 쳐들어가는 데는 반대야! 명나라더러 좀 준비를 해 놓으라면 어때? 내 말좀 들어 봐. 옛날 제왕이랬자 모두가 하찮은 처지에서 솟구쳐 나지 않은 사람이 없는 거야! 명나라에서 내 근본이 본래 천한 사람이었다는 것을 안들 또 나쁠 거야 없지 않나! 내버려 두게, 내 버려 두어!"

그리고 의후의 일을 더 참견하려 하지도 않고, 도리어 밀고한 놈을 불러 세워 놓고는 눈알이 빠지게 꾸짖는 것이었다.

"너 이놈! 네 놈은 명나라 놈이 아니냐! 명나라 놈이 명나라 놈을 먹어대다니! 네 놈이야 말로 흉물이다. 흉물이여!"

임진년에 여러 놈을 보내어 우리나라를 침범하려 할 때

(그까짓 것 하루 아침이면 먹어 버릴 거야!)

하고 장담하더니 행장(行長)이 평양 싸움에서 패하여 영남지방으로 후퇴하자 적괴는 화가 벌컥 났다. 계사년 3월에 친히 여러 놈을 데리고 구주(九州)로 내려와 비전주(肥前州) 명호옥(名護屋)에다가 새로이 궁실을 짓고 오래 머무르면서 싸움을 독촉하고 감독할 계획을 세웠던 것이다.

"삼남지방이 평정되면 내가 부산으로 건너갈 테야!"

큰 소리를 쳤다. 그러자 제 어미가 병으로 죽었다는 소식을 듣고 다시 동으로 가버렸다. 적괴가 오래 동안 제 자리를 비고 없는 틈을 타서 금량(金亮)을 죽이고 조록(鳥祿)을 세우자는 반역의 의논이 돌았으나, 미처 의논이 이룩되기 전에 불행히도 그가 돌아와 버렸기 때문에 그들은 성사를 못하고 말았다 한다. 유구국(琉球國)은 살마주(薩摩州)와 가장 가깝다. 섬들이 띄엄띄엄 흩어져 있기 때문에 물길이 아주 편리하다. 수길이는 이 지방에 욕심이 나서 군사를 보내어 치기로 한다. 이에 놀란 살마수의홍(薩摩守義弘)은 수길이의 총신 석전치부소보(石田治部少輔)에게 뇌물을 싸다 주면서 청탁을 넣었다.

"유구(琉球)란 데는 별 것 없는 섬이요. 탄환만큼 한 섬 두 개로 된 곳인데 물산도 신통할 것 없지요. 많은 군사를 일으켜 백성을 괴롭힐 가치란 없는 고장입네다."

또 그 섬사람들을 시켜 많은 선물을 수길이에게 보내게 하는 동시에 글발로 진정서를 올린즉 수길이도 못이기는 척 단념하고 말았다.

경서(京西) 지방 왜놈들은 우리나라 싸움에서 시들시들 기운이 꺾이어 버렸으나, 경동(京東) 지방 놈들은 아직 기운이 생생하기 때문에 이놈들을 어떻게 부려먹어야겠다는 생각에서 동부 지방 왜놈들이 사졸을 모조리 산성주(山城州) 복견리(伏見里) 우치하(宇治河) 어구로 모이게 하였다. 그리하여 왕경에서 10리쯤 떨어진 곳에 새로이 성 하나를 쌓기로 하는데, 높은 산꼭지를 내리 깎아 그 위에다 궁실을 짓기로 하였다. 그러자 땅이 냅다 흔들려 큰 지진이 터지는 바람에 그만 성이며 집이 모조리 무너지고 말았다. 다시 먼저 성터 동쪽에다 새로운 성을 쌓기로 하되 예전 모습을 그대로 본뜨기로 했다.

바깥 성을 둘러서 주택을 짓되 그곳에는 제가 가장 아끼는 신하들을 살리기로 하는데, 증전위문정(增田衛門正)은 남쪽에 다 살리고 석전치부소보(石田治部少輔)·천야탄정(淺野彈正)은 서쪽에서 살게 했다. 장속대장두(長束大藏頭)·덕선원현이(德善院玄以) 등은 북쪽에 두고, 대야수리대부(大野修理大夫)는 동쪽에서 살게 마련이다.

가강(家康)·휘원(輝元) 이하 여러 장군들의 집은 또 그 바깥 둘레에 두게 하였다. 강물을 끌어다가 성의 동문 앞까지 철렁거리게 하니 그 깊이가 스무남은 길이나 된다. 여기저기 빈터에는 푸른 소나무, 전나무를 줄줄이 심어 몇 달이 채 못 되어 우거진 남산의 모습이 이룩되게 되었으니 그들의 서둘러대던 품이 눈에 환하다. 바다를 메우고 산을 옮겨다 논 셈이다. 들이 달음질치고 나무가 날았다면 거짓이라 하리라. 눈꿈적할 사이에 마구 해내 치우고 몰아대는 판에 수십 간 웅장한 집을 그대로 사람들의 어깨로 떠다 옮겨 놓았으니 이만저만한 노력이 아니다. 수길이는 이 일을 해낼 때 손수 막대를 짚고 가래를 메고 아무런 추위나 여간한 더위에도 하루도 빼지 않고 몰아댔던 것이다. 가강 같은 사람들 보고도

"뭘 하나! 응! 날래 하지 않구 뭘 하나 말이야!"

소리를 지르며 이리저리 서둘러대고 다니면서 재촉하였다. 마치 수길이의 종 부스러기나 같이 남들의 눈에는 보이기도 했다.

(수길이가 거꾸러지자 한 동안 복견성이 텅 빈 채로 있었다. 그런 때 어느 중 하나를 따라 몰래 들어가 보았다. 댓 발자국쯤에 절이 있는가 하면 열 발자국쯤에는 또 덩실한 집채가 있다. 이런 사이를 뚫고 이리저리 꾸불꾸불 길목이 엇갈려 있는데 갈피를 잡을 수가 없다. 아무리 생각해도 사람의 힘으로는 몇 해를 두고도 만들어 냈을

까 싶지 않건만, 불과 1년 안에 이만큼 만들어 냈다니 놀라지 않을 수 없다. 이놈들이 백성들을 얼마나 혹독히 부려먹는가 또 그래도 소리 없이 해내 치우는 놈들의 민족성을 아울러 우리는 짐작할 수 있을까 한다.) 전에 적괴에게는 아들이 없었다. 그러기 때문에 제 누이의 아들을 데려다가 양자로 삼고 자칭 대합(大閤)이란 지위를 만들어 그 자리에 앉게 됨에 제 양자에게는 관백(關白) 벼슬을 주어 그렇게 불러 주도록 하였다. 그리고 그에게 이세(伊勢)·미장(尾張) 등의 주를 주어 채읍(采邑)으로 가지게 하였었는데, 임진년 겨울에 들어서 수길이의 어여쁜 첩의 몸에서 옥동자 한 놈을 낳으니 그 놈이 수뢰(秀賴)다.

(어느 사람의 말을 들어보면 대야수리대부大野修理大夫란 자는 수길이의 총애를 받는 것을 기화로 몰래 수길이의 안 집을 무상 출입하였고, 그래서 수길이의 애첩과 휘둥그러진 결과 이 놈을 낳았다는 것이다.)

수뢰가 생기자 관백은 속으로 못내 걱정했다.

(이거 그대로 있어서는 안 되겠다.)

는 생각을 품지 않을 수 없었다. 그러자 석전치부(石田治部)는 첩의 자식을 위해서 수길이의 마음을 흔들기 때문에 수길이는 관백에게 자결하기를 명령하였다. 그래서 관백은 기이주(紀伊州)의 고야산(高野山)으로 도망하여 머리를 깎고 중이 되었는데, 수길이는 짐짓 거기서 까지 끄집어내어 또다시 죽어 없어져 버리게 하였다.

왜놈들의 법에 죽을 죄를 지었을지라도 토지를 빼앗기고 그리고 중이 되면 용서하여 주는데, 이번 일만은 수길이도 관백을 끝내 죽이고야 말았다. 관백의 집을 샅샅이 뒤져 그에게 딸린 벼슬아치들은

전부 죽여 없앴다. 그 집은 **빼앗아다가** 가하대납언(加賀大納言)에게
주니 이제 집안 일은 거의 가라앉게 된 셈이다. 그러나 우리나라를
침범한 파견군의 소식은 신통하지 않다. 가강은 재거 출병은 실책을
거듭하는 것이라 하여 이에 반대하고, 석전치부(石田治部)는

"66주면 넉넉하지 않소? 남의 나라를 침범하여 군사들을 궁지에
몰아넣을 것까지야 없지 않소?"

이렇게 반대를 하지만 청정만은 재거 출병을 극력 주장하는 것이었다.

(수길이는 이렇게 지껄였다. 해마다 군사를 보내어 조선 놈은 한
놈도 남기지 말고 모조리 죽여 버리면 조선은 아주 빈 땅이 될 것이
다. 그런 뒤에 서부 지방 백성들을 조선으로 이주시키고 동부 지방
인민들을 서부 지방으로 옮겨 살게 하면 될 것이니, 이렇게 10년만
가면 안 될 이유가 없다.)

재침략의 방침이 결정되자 수길이는 파견 군졸들에게 이런 명령
을 내렸다.

"사람마다 귀는 둘이요, 코는 하나다. 목을 베는 대신에 조선놈의
코를 베어 올려라."

(한 군들이 코 한 되씩의 책임이다. 책임수를 채워야만 사로잡는
것을 허락했다.)

명령을 받은 침략자들은 정말 우리나라 사람들의 코를 잘라 소금
에 절여서 수길에게 보냈던 것이다.

(수길이는 손수 다 검사한 후에 대불사大佛寺의 곁에다 묻었다. 이
절은 북문 밖 십리쯤 떨어진 곳에 있는데, 이 무덤의 높이도 한 개의
산이 이룩되었다고 한다. 얼마나 많은 동포가 희생이 되었을까 생각
만 해도 몸서리친다.)

무술년 5월에 왜놈들은 영남 지방에서 전부 철퇴하였다. 그러나 청정(淸正)·행장(行長)·의홍(義弘)·의지(義智)·갑비수(甲斐守) 등 십여 진만은 그대로 머물러 있었다. 수길이는 여러 장군들을 불러 놓고

"조선 일이 끝이 안나니 웬 일인가!"

가강 등은 모두 말하기를

"조선은 본래 큰 나라입니다. 동쪽을 치면 서쪽을 지키고, 왼쪽을 부수면 바른쪽으로 모이니 아마 십년을 잡아도 끝이 날 것 같지 않습니다."

이 말을 듣고 적괴는 눈물을 흘리며 하는 말이

"그대들은 나를 늙은이로 치는구나! 젊었을 적엔 천하도 어렵잖게 생각했더니 늙기는 늙었나 보다. 늙으면 죽어야지! 조선과 휴전하는 것이 어떤가!"

"그렇게 하면 오죽이나 좋을까 합니다."

부하들은 휴전이란 말에 이렇게 대답하였다. 껑충대고 뽐내고 업수이 여기는 놈들의 모습을 생각만 해도 뼈가 저릴 일이나, 강화하자는 이야기는 그 놈이 죽기 전에 벌써 있기는 있었던 것이다.

(수길이의 성품은 아주 간사하고 숭글스러웠다. 까불고 시시덕거리고 웃고 놀리고 온통 야단법석을 떠는 위인이다. 가강 같은 사람을 데리고도 어린애 놀리듯 놀리기가 예사다. 저는 떡장수, 엿장수 시늉을 하고 가강을 시켜 와서 사먹으라는 것이다. 그러면 가강은 길가는 사람처럼,

"이거 얼마요."

"한 개에 두 푼이요."

"비싼데—한 개에 한 푼 팝시다."

"안 비쌉니다. 쌉니다. 싸요."

이런 투로 시시덕거리며 놀기를 좋아한다. 그는 오직 권모술수로 사람을 낚고 사람을 부린다.

"오늘은 동편에서 잘 테야!"

가보면 으레 서쪽에서 자는 것이다. 이게 조조(曹操)의 의총지술 (疑塚之術)이란 것이다. 놈은 밑구멍으로 숨 쉬는 재주까지 있다. 사냥 나간다고 나가서는 짐짓 죽은 시늉을 해 보인다. 따라간 졸병들은 어쩔 줄을 몰라 허둥지둥하건만 속내 아는 대신들은 까딱하지 않는다. 거짓 장난인 것을 알기 때문이다. 얼마 지나면 그는 훌훌 털고 일어나면서

"후휴! 하마터면 죽을 뻔했네!"

정말 죽었다 살아난 것처럼 하는 것이다.

무술년 3월 그믐께부터 병을 얻어 당시 회생하지 못할 줄을 그는 알았다. 자기 죽은 뒤의 일을 부탁하는데 가강더러는 수뢰의 어미를 차지하고 살며 정사를 돌보아 주다가 성년이 되거든 정권을 돌려주라 하였고, 가하중납언(加賀中納言)의 아들 비전수(肥前守)더러는 수뢰의 젖아비가 되어 비전중납언수가(備前中納言秀家)와 함께 언제나 수뢰를 받들고 대판(大坂)에서 살라고 하였다.

(또 그에게는 남의 계집애를 데려다가 제 딸을 삼은 애가 많다. 권력이나 있는 자와는 그런 딸을 주어 사돈을 맺고 농락의 길을 튼다. 또 금·은·토지 같은 것을 후히 주어 또 다시 딴 생각을 품지 못하게도 한다. 가강의 아들 강호중납언(江戶中納言)의 딸로 수뢰의 아내가 되게 한 따위다.

대판(大坂)은 서경(西京)인데 섭진주(攝津州)에 있고, 복견(伏見)은

동경(東京)인데 산성주(山城州)에 있다.)

　대판의 형세는 복견보다 훨씬 나은고로 가강더러 동부 지방의 장
군들을 거느리고 대판에서 살면서 서쪽 장군들의 모반을 막아내도
록 하고, 휘원더러 서부 지방 장군들을 거느리고 복견에서 살면서 동
쪽 장군의 생변에 대비하도록 하였다. 그리고 대판의 저자거리는 모
조리 헐어 버리되, 성터만은 더 넓히고 또 잘 다듬어 놓도록 하였다.

　(대개 왜놈들의 성질은 떠들썩하게 새 일을 터뜨리기를 좋아한다.
한 두 달 일 없이 지내면 고양 방통한 짓을 할 생각을 품게 되는 까
닭에 잠시도 쉴 틈을 주지 않고 억센 일을 시켜 그들의 힘을 깎고
모난 독기를 문질러 버리도록 하여야 한다고 한다.)

　적괴가 죽은 뒤에 여러 장군들은 혈삽동맹(血歃同盟)을 맺어 어린
그의 아들을 추대하기로 하였기 때문에 어지러운 일은 생기지 않았
다. 적괴의 시체는 대불사 위에다 묻고 그 아래에 금전(金殿)을 지었
는데, 그야말로 으리으리하게 꾸며 놓았다.

　(기이주紀伊州의 웅야熊野 백성들이 반란을 일으키자 가강은 부하
장군을 보내어 전멸을 시켰다. 아직도 적괴가 남긴 위력이 나라를
흔들고 있으며, 권모술수의 농락이 여세를 발휘하기 때문이다. 그러
나 권모술수만으로 언제까지나 사람들의 행동을 제어할 수 있을 것
이냐! 그 안에 숨겨진 모순이 날 가고 달이 가면 모로 터지는 날이
생기고야 말 것이다.)

　가강 등이 석전치부소보(石田治部少輔)를 보내어 의홍·청정·행장
등을 불러오도록 하였다. 그럭저럭하는 사이에 청정이 보낸 비사(飛
使)가 쫓아와 큰일 났다는 급보를 전했다. 치부도 비전(肥前) 지방에
머무르면서 감히 건너가지를 못했고, 가강이 구원병을 보내려 하였

지만 가려고 덤비는 놈이 없었다. 구원병을 보내지 말까 생각도 하여 보았으나, 그러면 그들은 필경 전멸하고 말 것이 아닌가. 그러는 판에 칠당좌도수(漆堂佐渡守)가 혼자 썩 나서면서 가기를 자청하므로 당장에 좋아서

"그렇게 하오."

승락을 내려 주었다.

(얼마잖아서 또다시 비보飛報가 내달아 왔다.

그는 말하기를 '명군이 사천에 있는 의홍義弘의 진을 포위하였는데, 의홍은 거짓 패한 척하고 성으로 들어갔지요. 성문을 그대로 열어 두었는데, 멋모르는 명군은 냅다 쏟아져 들어오는구려. 이 때다 하고 의홍의 군졸들은 함부로 찍고 박고 해서 한 놈도 남기지 않고 모조리 죽였단 말이야.'

이런 보고를 듣고 놈들은 다소 얼굴을 펴는 듯하였다. 왜놈들은 원래 워낙 엄풍이가 많아서 어느 것이 옳고 어느 것이 그른지 갈라 내기가 좀 어렵다.)

놈들의 이러한 모든 정세를 살펴본 즉 적들의 정상을 잘 검토하여 우리나라의 모든 계획을 세워야 할 것을 나는 느끼었다. 이 때에 이러한 사정에 입각하여 세 가지 안책을 주섬주섬 적어서 왜선의 내왕 편을 이용하여 통역들의 손에 쥐어 보내기로 하였었는데, 통역이 아직 떠나기도 전에 놈들은 전부 철퇴하여 왔던 것이다. 무술년 설달 보름 뒤에 청정은 갑비수와 함께 먼저 왜경에 도착하였고, 행장과 의총은 설달 그믐께 왜경에 도착하였다.

(청정淸正이 먼저 와서는 행장行長이 비겁하고 겁이 많은 것을 비웃었다.

행장이 돌아 와서는 또 이렇게 말했다.

"청정은 조선 왕자가 주둔했던 본영本營을 불사르고 부랴부랴 도망하는 것을 기다려 주지 않았단 말이야! 그러기 때문에 화의도 실패하고 말았거든! 나는 도진島津과 함께 명나라 벼슬아치를 인질로 끌고 뒷처리를 하고 돌아왔는데, 자 내가 겁장인가! 청정이 겁장인가!"

이렇게 서로 옥신각신하는데 휘원은 화의를 맺지 못한 것은 청정 때문이라 하고, 또 청정은 우리나라와의 사이가 벌어진 것은 행장 때문이라고 서로 떠대는 통에 의논은 분분하고 그들의 사이는 날로 벌어져 가기만 하였다.)

석전치부소보(石田治部少輔)는 적괴가 가장 어여삐 보던 신하다. 식읍이 근강주(近江州)에 있는데, 기름지기로 전국에 으뜸이다. 증전위문정(增田衛門正)・천야탄정(淺野彈正)・덕선원현이(德善院玄以)・장속대장두(長束大藏頭)와 함께 다섯 봉행(奉行)이라 하여 이들이 오로지 국론을 좌우하였다. 정유역(丁酉役)의 실패로 모두 돌아오게 되었는데, 그 때 복원우마조(福原右馬助)란 자가 몇몇 장군들이 머뭇머뭇한다는 핑계로 치부(治部)를 통하여 이들을 먹어댔는데, 이 때문에 아파수(阿波守)・갑비수(甲斐守)・좌도수(佐渡守)・청정(淸正)・주마두장정(主馬頭長政)・죽중원개(竹中源介) 등이 모두 귀양살이를 가게 되었고, 적괴는 주마두(主馬頭)・원개(源介) 등의 풍후(豊後) 지방 토지 6만석거리를 빼앗다가 우마조(右馬助)에게 상으로 주었던 것이다. 청정(淸正) 등 일파가 모조리 귀환하여 오자 적괴는 이미 거꾸러져 죽고 없는지라, 이제 고자질한 우마조를 죽여 버려야만 속이 시원하겠다고 떠든다. 이러는 통에 석전(石田) 일파는 또한 우마조를 살리려고 서두르기 때문에 그들은 점점 더욱 분열에 분열을 거듭하고 있다.

(가강은 청정淸正・장강월중수長岡越中守・복도대부福島大夫・갑비수甲斐守・아파수阿波守・좌도수佐渡守・천야탄정淺野彈正의 부자 등과 한 당을 이루고, 이외의 졸막동이 장군들의 수효는 얼마인지 모른다. 휘원은 비전중납언備前中納言・축전중납언筑前中納言・석전치부石田治部・증전위문정增田衛門正・상주常州의 좌죽佐竹・오주奧州의 정종政宗・최상출우最上出羽의 경승景勝・장속대장長束大藏・도진의홍島津義弘・행장行長 등과 한 당을 이루니 이에 따르는 자 더욱 많다. 서로 모여 새벽부터 저녁까지 일거리를 꾸미자고 수군수군하는데 도깨비 떼와 같이 밖에 보이지 않는다.)

기해년 정월 12일에 가강은 적괴의 유언이란 핑계로 수뢰를 대판으로 보내어 거기서 살게 하고 자기는 복견에 그대로 머물러 있었다. 아마도 일통이 터질 것만 같아서 하루도 몇 번씩 놀라곤 하였다. 저자거리도 불안한 공기에 싸여 거의 문을 닫아 둔 형편이다. 윤 3월초 아흐렛날(이 해에 왜력倭曆에는 윤3월閏三月이 있기에 윤삼월이라 기록한 것이다.) 청정(淸正)은 무장병을 끌고 복견으로 올라 왔다. 목적은 치부(治部)를 공격하자는 데 있었다. 휘원의 모주승 안국사(安國寺)가 휘원에게 말하기를

"관백(關白)이니 섭정(攝政)이란 단 한 사람뿐이 아니요. 신하로서의 부귀랬자 당신을 덮을 사람이 없는데 무리한 싸움을 해서 무엇 하시자는 거요."

타이른 즉 휘원도

"하기야 옳은 말이요."

하고 안국사를 시켜 가강의 의사를 떠 보라 하였다. 이 말을 들은 가강도 이에 찬의를 표했기 때문에 석전(石田)의 사돈되는 장속대장

(長束大藏)이 석전을 설복하여 가강에게 나아가 사과하게 하였다. 휘원 일파도 가강을 추대하여 그들의 맹주로 삼았다. 그리하여 가강으로 하여금 복견성을 차지하게 하였고, 석전치부(石田治部)는 이번 일의 주모자이기 때문에 그의 아들을 인질로 가강에게 보냈으며, 치부는 그의 식읍 있는 곳으로 내쫓아 버렸다.

복원우마조(福原右馬助)는 이번 일을 저지른 장본인이기 때문에 그의 토지는 몰수하여 주마두장정(主馬頭長政) 같은 사람에게 도로 돌려주니 우마조는 머리를 깎고 중이 되었다. 그리하여 그의 이름을 녹운(綠雲)이라 고쳤으며, 새로이 절간 하나를 지어 그 곳에서 지냈던 것이다. 이런 따위 모든 일로 미루어 보아 하는 짓들이 마치 춘추전국시대와 비슷한 것을 알 수 있다(치부治部란 예부禮部를 말한 것이요, 소보少輔란 원외랑員外郎에 해당한다).

청정(淸正)의 성품은 흉칙하고 날랜 억지꾸러기다. 그러므로 가강을 시켜 석전(石田)을 치게 하고 그 틈을 타서 일관을 꾸며 보려 하였으나, 가강과 석전이 서로 감정을 풀고 보니 앙앙거리던 마음을 풀 길이 없어

"제길헐! 제길헐!"

분통터지는 소리만 하면서 종내는 전전비전수(前田肥前守, 비전중납언備前中納言・중장정종中將政宗・장강월중수長岡越中守・흑전갑비수黑田甲斐守・천야탄정淺野彈正의 부자) 등과 함께 자혈동맹(刺血同盟)을 맺고 가강을 향하여 반기를 들었다. 가강을 쳐부신 후에 그의 토지를 노나 먹자는 것이었다(이 음모에 참가하지 않은 사람은 휘원・금오(金吾) 등 5, 6인뿐이다. 서로서로의 맹약은 결정이 되었으나 토지나 인물이 비슷비슷하기 때문에 누가 통솔자가 되어야 할지 작정

하기가 어려워서 비전수(肥前守)·청정(淸正) 등 제가끔 자기네 사읍
으로 돌아가고 말았다).

기해년 9월 9일에 가강은 수뢰를 뵈옵자고 대판으로 가기로 하였
는데, 이 기미를 알게 된 비전(肥前) 일파는 길목에다 복병을 숨겨 놓
고 그를 기다렸으며, 토견감병(土肩勘兵) 같은 자는

"강은 내 손으로 찔러 죽일 테요."

하고 덤벼들었다. 석전치부(石田治部)는 벌써 청정(淸正)과 틈난 처
지라 어떻게든지 가강에게 다시 곱게 보일 기회를 얻으려고 노리고
있던 때다. 그래서 그는

(이번이 기회다.)

하고 몰래 글을 보내어 이런 사실을 밀고하여 주었다. 가강은 탄
정(彈正)에게 물었다.

"석전(石田)의 말이 사실일까?"

"모르면 모르되 아마 그런 일은 없을 것입니다."

하고 탄정은 시침을 딱 떼었다(전에 수길이의 양자였던 관백(關白)
이 수길이의 손에 죽게 되자, 그의 일당인 탄정도 잡혀 죽게 되었다.
그런 것을 가강이 극력 주선하여 빼내어 주었기 때문에 가강도 제
심복이려니 믿고 물어본 것이나, 이 때 탄정은 벌써 비밀 동맹을 맺
은 처지라 숨기고 알리지 않으려 하였던 것이다).

다음으로 위문정(衛門正)에게 물은 즉

"나도 그런 소문은 들었습니다."

하고 바른 대로 대답하여 주었다(더 자세한 것은 비전수肥前守 절
을 보라). 가강은 화가 벌컥 났다. 탄정의 속임수에 더욱 분이 났던
것이다.

"너는 죽어야 마땅한 놈이다. 나는 네게 자결하기를 명령한다."

"수뢰는 아직 어린 주공입니다. 그러나 그가 내게 죽음을 명한다면 나는 마땅히 죽어야 하겠지만, 내부(內府)란 비록 우리의 윗 벼슬이지만 내부가 나더러 죽으라 하면 그는 들을 수 없습니다."

하고 탄정은 대들었다. 가강도 하는 수없이 탄정을 몰아내어 제 사읍인 갑비주(甲斐州)로 쫓아 버렸다. 가강은 또 수길이의 유명(遺命)이라 하여 수뢰를 난 어미를 차고 살려고 하였는데, 그 때 수뢰의 어미는 대야수리(大野修理)와 배가 맞아 아랫배가 불러 오른 판이라

"그건 안 돼요."

하고 거절하였기 때문에 가강에게는 불난 데 부채질하는 셈이라 더욱 화만 나고 무안할 노릇이다. 대야(大野)를 잡아다가 관동으로 귀양을 보낼 뿐 아니라 내려가는 길목에서 죽어 버리라는 명령까지 내렸다. 그리고 토견감병(土肩勘兵)도 잡아다가 관동으로 귀양을 보냈다. 관동에 있는 여러 장군들로 하여금 군사를 이끌고 비전수(肥前守)의 올라오는 길목을 지키게 하고 자기는 대판에 있으면서 여러 가지 위험을 미연에 막아내려고 하였으며(그의 장자 삼하수三河守·막내 일기수壹岐守는 복견성을 지키게 하고, 가운데 자식 강호중납언江戶中納言으로 하여금 관동 지방의 본거지를 지키게 하였다), 또 고향으로 돌아가 있는 여러 장군들을 급히 불러 올려 그들의 거취를 감시하기로 하였다. 가강에게 아첨하는 놈들은 더욱 선웃음을 쳐가며 덤벼들고, 가강의 뜻을 거역하는 놈들은 또 그대로 불거졌다. 청정만은 가강의 올라오라는 명령도 못들은 척 잠자코 있다가 이듬해 3월에야 겨우 올라 왔고, 월중수(越中守)도 단후(丹後)의 사성을 수리하면서

"이거나 지키면 되었지 내부와는 할 일이랬자 별 거 있나!"

이런 태도다. 이 때에 휘원의 태도 여하에 따라서는 대세가 좌우될 정세이었으나, 두 거두가 오손도손 지나게 되므로 다른 장군들은 옴짝딸싹하지 못했다. 가강이 비전중납언(備前中納言)·축전중납언(筑前中納言)으로 하여금 복견성을 지키게 한즉 비전수(備前守)가 처음에는 사양하기를

"대합(大閤)께서 돌아가실 적에 비전수(肥前守)와 나 두 사람이 수뢰를 모시고 대판에서 살라 하시었습니다. 그 말씀이 아직도 귓전에 쟁쟁하거늘 어찌 그런 말씀을 하십니까?"

그러나 가강은 굳이 들어주지 않기 때문에 수가(秀家)도 할 수 없이 복견으로 옮아가지 않을 수 없었다(예전에 수길이는 여러 장군들이 왕경王京·대판大阪·복견伏見 세 군데에 집을 가지게 하여 오며 가며 살게 하였다. 그러나 가강이 대판에서 살게 되자 여러 장군들은 모조리 복견으로 내려가니 그 곳은 텅 비게 되었다). 가강의 사읍은 관동에 있고(그 관동에서 왜경까지 멀어도 20일 거리요, 가까와도 15일은 걸린다), 휘원의 사읍은 산양(山陽)·산음(山陰)에 있다(산양·산음에서 왜경까지 멀어도 15일이요, 가까와도 7, 8일은 걸린다.)

왜놈들은 모두 말하기를

"관동에서 왜경까지 가강은 쌀가마니로 육로를 만들 수 있고 산음, 산양에서 왜경까지 휘원은 은전으로 바다에 다리를 놓을 수 있으리라."

하니 옛날에 소위 연조(燕趙)의 쌓아 놓은 재물이거나 한위(韓魏)의 벌여 놓은 터전도 이보다 더하지는 않았을 것이니 남은 놈들이 이 두 장군을 볼 때에는 서로 힘을 겨눌 마음을 내지 못한다. 이런 점으

로 미루어 보아 다른 일은 자연 짐작이 서리라고 본다(일천석거리 토지로 정병 오십인을 기르고 일만석의 토지로 정병 오백명을 기를 수 있으니 장졸의 수효도 곡수를 보면 자연 짐작할 수 있다) 가강·휘원·경승(景勝)·좌죽(佐竹)·정종(政宗)·최상(最上)·의홍(義弘)·용장사(龍藏寺)·생전(生田)·굴미(崛尾)·굴리(堀里)·통정(筒井)·진전(眞田)·토좌(土佐)의 성친(盛親)·찬기(讚岐)의 아악(雅樂)은 다 세습이오 부하들도 다 세신(世臣)이니, 주장이 싸움에 패하여 자결하면 그들의 부하들도 모조리 따라 죽는다. 오백 의사(義士)가 밭고랑에 늘어져 죽는 따위도 그리 어려운 일로 여기지 않는다(옛날의 소위 환문桓文의 절제節制나 제초齊楚의 기격技擊도 이 범위를 벗지 않는다). 이 외의 무리들은 다 미천한 종놈의 신세에서 수길이에게 붙어서 완패로 힘깨나 쓰는 바람에 새로운 세력을 얻은 무리들이다. 그러므로 토지도 새로 얻은 땅이요, 부하랬자 다 이리저리 긁어모은 것들이다. 수가(秀家)·금오(金吾) 같은 세력가라 하더라도 청정·장강(長岡) 같은 용장이라도 그의 주장이 전쟁에 패하여 자결하면 그의 부하들은 혹은 도망가거나 혹은 투항하여 버린다고 한다. 장군이나 군졸들에게 언젠가 이런 말을 물어 보았다.

"살기를 좋아하며 죽기를 싫어하는 것은 사람마다 다 같은 인정이건만, 왜 일본 사람들만은 죽기를 좋아하고 살기를 싫어하는 거요."

"그건 모르는 말씀입니다. 다름 아니라 일본의 장관(將官)들은 백성들의 된 목을 꼭 쥐고 있기 때문에 머리털 한 오라기라도 제 맘대로 못하게 만들어 놓았습니다. 그러기에 장관들의 집을 의지하지 않고서는 먹고 살길이 없는 것이요, 한번 장관들의 집에 의탁한 몸이 되면 제 몸도 제 몸뚱이가 아닌 것입니다. 한번 담보가 없는 놈이란 이름이 나면 어딜 가거나 퇴박을 받고, 칼 단속을 잘못하고 다니면 사람으로 치지를 않습니다. 칼이나 창대의 흉터가 얼굴에 있으면 씩씩한 사내라 하여 극진한 대우를 받지만, 귀 뒤에 있으면 도망질 잘 치는 놈이라 하여 배척을 받기 때문에 굶어 죽느니보다 차라리 적과 싸우다 죽는 것이 나으리라고 생각하는 것입니다. 그러므로 죽지 않고 싸우는 것이 실상은 저를 생각해서 하는 것이지 결코 제 주인을 위해서 그러는 것은 아니랍니다."

이런 점으로 미루어 보아 뱀 같은 독기에 범 같은 욕심으로 이를 악물고 덤벼드는 그런 마음은 본래 타고난 성품이어서 그렇다는 것만이 아니라 저절로 그런 분위기에 싸이게 되기 때문이요, 더구나 모든 법령으로 아주 얽어매듯 해 놓았고, 상벌을 골고루 적시어 부릴 대로 부려먹게 짜놓았기 때문에 장군이랬자 별 것 없는 위인들이지만 죽자살자 싸워주는 무리들을 가지게 되는 것이며, 군졸들이라야 부실부실 한 무리들이지만 적을 만나 죽자하고 싸울 수 있게 되어진 것이다. 만만 되어도 배겨 낼 수 없는 무리들이란 이들을 가리킨 말이어든 수십만이나 되면 어떻게 할 것인가! 천하의 화근은 모든 일을 소홀히 생각하는 데에서 인다.

우리나라의 야인(野人)들을 방어하는 방비책은 어떤가! 남북에 두 사람의 병사(兵使)를 두었는데, 다 이품(二品)의 높은 벼슬아치다. 서북에 두 평사(評事)를 두되 다 명망 있는 문관을 보내 놓았다. 그러나 호남, 영남 지방의 변장(邊將)은 어떤가! 그저 대수롭지 않은 전례에 따랐을 뿐이다. 이품의 지위 높은 벼슬아치나 명망 있는 문관이라도 막아내는 판국에 있어서는 별 도움을 기대할 수 없는 것이요, 남방을 소홀히 여기고 북방만을 중대시하는 그런 정책임을 이로써 또한 엿볼 수 있을까 한다.

우리나라 백만 야인이 십만의 왜졸을 당해내질 못하고 국가의 정책이 또한 북부를 중히 여기고 남방을 경홀히 생각하는 그 이유를 모르겠기에 왜 그런가 연구도 하여 보고 또 왜놈들의 실정을 물어도 보면, 수백 년 전부터 왜군 법령도 중국이나 우리나라와 다를 것이 없이 째어졌고 게다가 이름난 집안에서는 따로 종을 두어 부리는 풍습이거나 일반 백성들도 제 밭, 제 논을 가꿀 수 있는 거나 지방 벼슬아치를 갈아내는 법이며, 과거 제도를 써서 인재를 골라내는 따위가 모두 우리나라의 문물 제도와 비슷하게 되었으니 수 천리 떨어진 고장이라도 하나의 평화향이었던 것은 사실이다.

그러나 관동 장군 원뢰조(源賴朝) 때부터 싸움만을 일삼게 되니, 차츰 차츰 싸움 나라 구석으로 변하고 말았던 것이다. 총 쏘는 놈이 랬자 전에는 그런 것이 없었다. 그저 창칼을 휘두를 줄 아는 것만이 그들의 재주일 따름이었다. 그러던 것이 지금으로부터 한 50년 전이나 될까 남만선(南蠻船) 한 척이 총이며 화약을 가득 싣고 이 곳으로 밀려든 일이 있다. 그 때부터 그들은 총쏘기를 배우기 시작하였고 왜놈이란 본래 영리한 족속이라 이내 배우게 되었으니, 사오십년 사이에 총장이 포수가 전국을 털어 그득하게 되었다. 그러므로 요즈음의 왜놈은 옛날의 왜놈과는 아주 다르니, 옛날 같은 생각으로 방비를 소홀히 하면 나라 구석의 걱정이 이만저만하지 않다. 바라건대 앞으로는 경남중북(輕南重北) 정책을 근본적으로 뜯어고칠 뿐 아니라 국민 정신을 변방 방비에로 귀일시키도록 하고 변장에 인재를 골라 앉혀야 한다. 그리고 성터를 다듬고 뱃전을 손질하고 봉화도 신칙하고 군졸도 훈련하고 기계도 손보아 놓게 한다면, 나라를 위하여 얼마나 다행할는지 모르겠다. 어융(禦戎) 정책이나 구황(救荒) 정책은 비슷한 것이다. 구황책에는 두 가지 설이 있는데 하나는 천지의 화기(和氣)를 불러들이게 하여 저절로 풍년이 들게 하는 것이요, 그 다음은 양곡을 저축하여 두었다가 쓰는 길이니 만일 백성들이 굶주려 쓰러지는 꼴을 보고서 그 때야

(이거 일 났군!)

하고 서두른들 무슨 소용이 있을 것인가! 어융책에도 두 가지가 있으니 올바른 대의명분을 세워 철모르는 서녘 오랑캐를 지켜 내는 것이 그 하나요, 그 다음은 국경선의 방비를 든든히 하는 길밖에 없으니 충돌이 벌어진 연후에야

(이거 일 났군!)

하고 허둥지둥한들 별 수가 있을까 싶지 않다. 내가 왜경으로 옮아오자 놈들의 실정을 알아내고 싶은 생각이 났다. 그들 가운데에는 식견도 있고 사리에도 밝은 사람이 없지 않았으니 의사인 의안(意安)·이안(理安) 같은 사람은 붙잡혀 감시를 받고 있는 곳까지 자주 나를 찾아 주었고, 또 묘수원승순수좌(妙壽院僧舜首座)는 본래 궁성 시종관의 이름난 집안의 자손으로 단마수적송좌병광통(但馬守赤松左兵廣通)의 스승이었다. 그는 두뇌가 총명하여 고문(古文)을 익히 다룰 줄 아는 사람으로 어느 책이나 모르는 것이 없고, 성품은 아주 꼿꼿해서 저희들 측에서는 그리 달갑게 여김을 받지 못하는 사람이다. 언젠가 내부 가강이 그의 인물이 뛰어난 것을 알고 서울에 집을 지어 연봉 이천석으로 맞아들이려 하였으나 그는 집도 싫고 곡수도 싫다 하고 그저 약주소장승준(若州小將勝俊) 장군들과 놀기를 좋아하였다(광통廣通은 이 나라 환무천황桓武天皇의 9세손이다. 육경을 착실히 좋아

하는 그는 비가 오나 바람이 부나 말 위에서까지도 손에서 책을 놓지 않았다. 그러나 재주는 좀 미욱한 편이어서 해석이 없이는 한 줄도 내려 읽지 못했다고 한다).

순수좌(舜首座)는 언젠가 이런 견해를 피력했다.

"일본 백성으로 요새처럼 시달리는 시절은 없을 것이요. 조선이 만일 명나라 군사와 함께 우리나라 백성을 위무하고 군벌의 죄악을 소탕하여 주며 먼저 귀순병과 통역을 시켜 우리나라 곳곳에다 벽보를 붙여 백성들의 괴로움을 덜어 주기 위해서 군사를 일으켰다는 뜻을 알리도록 하고 그 뒤를 따라 진군하여 오되 민폐를 끼치지 않는다면 우리나라 동쪽 끝인 백하관(白河關)까지도 문제가 아니지만, 만일 왜놈들이 귀국 인물을 죽이고 재물을 노략질하듯 그런 방법을 되풀이한다면 모르면 모를까 대마도도 건너오지 못하리다……"(그는 내게 또 과거절차며, 춘추석전春秋釋典이며, 경연조저經筵朝著 등을 묻기로 나는 아직 그런 것에 대한 예비 지식이 부족한 탓으로 과거 식전에 관한 것만 대강대강 이야기하여 주었더니 그는 무연憮然히 긴 한숨을 쉬면서

"정말 부럽구려! 왜 나 같은 사람은 중국이나 조선 같은 나라에 태어나지 못하고 일본에 더구나 이런 시절에 태어났을까요! 내가 신묘년 3월에 살마薩摩로 내려가서 배를 타고 중국으로 건너가려 하였습니다. 그러자 별안간 병이 들어 도로 서울로 돌아오지 않았겠오. 병이 좀 우선 하기에 다시 조선으로 가보려 하였던 것이오. 그러나 그 때는 벌써 귀국과 싸움이 벌어져 우리 같은 신분으로 옳게 보아줄까 싶지 않습니다. 결국은 바다 건널 일을 단념하고 말았습니다. 이 일도 저 일도 다 틀려 버린 것은 아마 나의 운명이 아니었던가

싶을 뿐입니다.")

또 그는 말하기를

"일본놈의 장관(將官)들이란 모두가 도둑놈들이오. 광통(廣通)만은 사람 마음을 지녔었다고 할 것입니다. 일본에는 상례(喪禮)라는 것이 없으나 광통만은 3년상을 치루었고, 언제나 중국 제도와 조선의 예법을 착실히 좋아했고, 의복과 음식 같은 하찮은 일까지도 반드시 중국이나 조선을 본뜨려 하니 그는 일본에 산다 하더라도 일본 사람이 아닙니다."

그리하여 나도 가끔 광통을 만나 이야기할 기회를 얻게 되었으니, 그는 만날 때마다

"날 새 어떠신가요!"

하는 인사를 잊지 않았다. 그러나 그는 청정이나 좌도수(佐渡守) 같은 자들과는 틈이 난 사이가 되어서 행여 그 사람들에게 알리지 않도록 하여 달라는 부탁을 잊지 않았다. 또 그는 우리나라 선비로 포로 신세의 세월을 보내고 있는 사람들과 우리 형제들에게 육경(六經)의 큰 글씨를 베껴 주도록 부탁하고, 그 값으로 몰래 은전을 풀어 주어 빠져 돌아 갈 길에 노자로 보태어 쓰도록 하여 주었다.

(그는 우리나라의 『오례의서(五禮儀書)』, 『군학석채의목(郡學釋菜儀目)』을 얻어 보고 단마(但馬)의 사읍에다 공자묘를 세웠고, 또 우리나라의 제복祭服·제관祭冠을 본떠 입고 틈틈이 그의 부하들을 데리고 제의祭儀 익히기를 일삼았다.)

금년 2월 초6일에 좌도(佐渡)는 제 사읍에서 가강의 부름을 받아 복견으로 왔다. 대구에서 잡혀온 김경행(金景行)이 왜글을 좀 쓸 줄 알기에 그 사람을 시켜 왜글로 좌도에게 알리도록 하였다.

"일 없이 우리들을 먹여 살린들 당신네들에게 이익될 일도 없으려니와 4년 동안 외로운 신세에 우리들은 차라리 죽는 것만 같지 못하오. 차라리 죽여주지 않을 바엔 귀국하도록 문을 열어 주기 바라며, 갈 길을 허락하여 주지 않는다면 살아남아 있을 생각은 전혀 없습니다……"

이런 뜻으로 말하여 보낸 즉 왜승 경안(慶安)이 또한 극력 좌도에게 권하여 주었다.

"부모를 생각하고 고국을 그리워하는 마음은 사람마다 일반이 아니요. 갈 것만 하락하여 주시면 돌아갈 편은 있으리다."

하니 좌도는 그 길로 우리 집안 일족의 귀국을 허락하여 주었다. 우리들은 바로 전부터 약속이 있던 우리나라 선비 몇 분과 왜놈의 집에 붙어살고 있는 더부살이꾼들을 끌어내어 그렁저렁 모은 은전으로 몰래 배 한 척과 배 안에서의 식량을 준비하였다. 그리고 외국 사람으로 범의 굴을 벗어나 천리길을 가자면 어떠한 환란이 있을지 그도 예측할 수 없는 일이라 순수좌(舜首座)와 광통(廣通)을 만나 귀국하기 위한 모든 편의를 부탁하였다. 광통(廣通)은 사택지마수(寺澤志摩守)의 신임장을 얻어주어 군데군데의 조사에 내보이도록 하고, 또 아주 뱃길에 익숙한 사공 한 사람을 안내로 보내 주되 대마도까지에서 돌려보내 달라는 부탁이었다. 나는 가족 열 사람과 그 외 여러 선비들의 가족이며 선인들까지 38명이 한 배에 올랐다. 4월 초2일에 왜경을 떠나 뱃길이 서투르고 바람마저 좋지 못한 관계로 5월 19일에야 부산에 도착하였다. 대개 포로들의 생각으로는 빠져 나온다 하더라도 대마도에 와서는 할 수 없이 잡히고 만다는 생각을 하고 있기 때문에 돌아가는 왜놈의 사공편에

"대마도를 그렇게 꺼릴 필요가 없다."

는 사연을 기록하여 한 장의 격문을 지어 보냈으니 대마도를 꺼리고 의심치 말라는 뜻에서였던 것이다.

(적중문견록賊中聞見錄에서 여기까지는 경자년 귀국일에 전하께 써 올린 글이다.)

포로들에게 알리는 격문[告俘人檄]

슬프다. 날같이 못 죽고 사는 사람이 여기에 여러 동지들께 한 말씀 아뢰려 하는 것은 이렇듯 애닯은 유리(遊離)의 신세들이지만, 다같이 추로(鄒魯)의 문화에 젖은 향토의 여러 교육 기관을 통해 나왔고 거기서 낳고 거기서 자란 사람들입니다. 우·탕·문·무·주공·공자의 도(道)를 보아 알고 들어 알지 않은 이는 없으리다. 문화와 야만의 구별이란 입이 다르고 귀가 먹먹할 지경이며, 군왕을 존경하고 웃어른을 모시는 뜻은 밖으로 피어나고 마음속에 그득하리다. 더구나 국은(國恩)이 뼈에 젖어 사람들의 가슴속에서 사라지지 않고 조부나 아비 이상 때부터 예닐곱 분의 성군이 나셨으며, 아들이나 손자 때에는 다시 30년의 은육을 이어받았으니 200년 오랜 세월의 일을 천만대가 된들 잊을 수 있겠습니까? 이제 국운이 불행하여 이처럼 다난한 시절임을 생각할 때 풍형예대(豊亨豫大)의 시절은 끝이 나려고 태왕부래(泰往否來)로 뒤바뀌려 하니, 많은 무리 넓은 땅에 망나니의 싹이 트고 역적들의 선동과 재화가 벌써 나타나 보입니다. 문(文)은 덤덤하고 무(武)는 장난 같아서 군정을 혁신치 못했기에 이런 병화를 당한 것입니다. 보라! 저 이(齒)에는 칠을 칠한 더러운 고장,

정말이지 눈은 가로 찢어졌으나 괴이한 작자들, 우왕도 못 와 본 곳, 주궤(周軌)와도 같잖은 곳, 안사고(顏師古)는 그의 화이도(華夷圖)에도 싣지 않았고 유종원(柳宗元)은 그의 풍사기(豊土記)에서 빼놓은 곳입니다. 뻔뻔하게도 해에서 나온 천자라 하면서 몰래 해외로 떨어진 고장에다 임금을 바둑 놓듯 박아놓고 난신적자 만이 잇달아 우굴우굴합니다. 사람을 풀에 벌레같이 여기기 때문에 참혹한 형벌만을 눌러 씌웁니다. 적괴 수길이는 이리 떼 같은 마음씨로 벌레 같은 추물임에 땅벌레가 큰 차를 떼밀듯, 해를 보고 화살을 쏘듯 실컷 먹어 보자는 생각에서 우리나라 태평이 길고 장정들의 군사 훈련이 부족한 틈을 타고 여러 해 기근으로 창생이 길거리에서 구르고 있는 것을 기화로 먼저 침략의 군졸을 이끌고 약육강식의 계획을 세워 마구 삼켜보려 하였으니, 가축이란 가축은 새끼조차 남은 것이 없으며 초목과 곤충 쓰라린 독기에 시달리고 말았습니다. 국가의 원수로 따져 본다면 우리의 사직을 불사르고, 우리의 서울을 더럽히고, 우리의 여기저기 층대를 무너뜨리고, 우리의 궁안에서 버티며, 구중궁궐 성가에서 난데없는 불빛의 꽃바다를 보아야 하겠고, 누대로 내려오는 능터에 도둑이 들어 한줌 흙으로 남고, 유능한 인재는 모조리 전쟁터의 원혼으로 사라지며, 왕자가 흰옷으로 밤이슬에 눈물을 짓는 그러한 슬픔은 이 나라 백성으로는 원통히 생각하지 않을 수 없으며, 피끓는 사람이면 뉘라서 이런 감정이 없겠습니까? 우리들 자신의 일을 살펴보면 우리의 가묘를 불사르고, 우리의 선영을 파헤치고, 남녀 노약을 잡다가 놈들의 칼부림의 희생이 되게 하여 어여쁜 어린 것들이 창끝에 꽂히어 춤을 추며, 살고 죽건 말도 못 내며, 형제끼리 서로 위급을 돕지 못함에 인륜의 화가 이러하니 골육의 정을 어찌

끊을 수 있으리오. 겨우 살게 된 놈은 그대로 제아무리 귀공자라도 원수의 더부살이를 만들고 규중 처자들도 모조리 되놈집 종으로 만드니, 옛날의 고운 모습은 찾을 길이 없고 한관위의(漢官威儀)는 어디로 갔을까? 머리는 깎이고 옥에 가두어 갖은 곤욕에 울게 하니 원한이 사무쳐 하늘도 떠는 듯합니다. 정기(正氣)는 씻은 듯이 없어졌으니, 나는 신복(臣僕)이 되려 하지 않고 송나라 미자(微子)의 말씀을 명념해야겠습니다. 죽어서 되놈의 땅에 묻히어 이소경(李少卿) 같은 귀신이 될 수 있겠습니까? 하물며 고향을 그리워함은 만물의 정이니 촉(蜀) 새도 돌아가기를 재촉하고 넘나드는 새도 남쪽 집을 향하니 날짐승이 그렇고, 여우는 언덕으로 향하고 말은 북으로 가니 땅짐승도 그렇습니다. 하물며 지혜 있는 사람으로서 그 근본을 찾을 마음이 없겠습니까? 이 언덕 저 두덩에서 부모가 우리를 찾으시는 모습이 역력하고, 이 물결 저 고개에서 어린애들 낚시질 놀음도 생각나오. 부슬비 자는 연기 모두가 마음을 상해 주는 빛이 아닌가. 우는 닭, 짖는 개 모두가 창자를 끊는 소리요, 덤풀에 묻힌 선영에 한 종기 보리밥인들 누가 올리며, 거칠어진 마을 정자에는 삼년들어 기장이 널렸으니 어떻게 느티나무 우거지겠소? 서늘한 가을 들녘에 선들 차마 떼지어 노래할 수도 없고 늦은 봄 강남에는 멀리 아롱진 꽃송이 그득할 것을 생각하니 슬프다. 우리 같은 유리의 신세로 어찌 애통하고 분한 생각이 없을까. 이 사람은 본래 강남의 귀족이요, 머리를 쪽찌고 육경을 외웠으니 군신의 대의는 어렴풋이나마 알기는 압니다. 그래서 세 가지 안책을 만들어 알렸지요. 일찍이 일월의 빛에 의거함이라 털오라기도 모두 국은인 것이요, 이마에서 발끝까지 다 임금의 마련하여 주신 것이니, 겨우 4년 만에 6품의 벼슬에 올랐고

나라인들 잊을까, 임금인들 잊을까 뱀을 움켜쥐고 범의 등을 타는 일도 싫어 않으리. 살고도 싶고, 의롭고도 싶다면 물고기를 버리고 곰의 장심(掌心)을 가려서 차지할 줄도 알리라. 임금을 도울 힘은 비록 약하나 해를 우러르는 정성은 항상 절절함이여, 뜻밖에 흐르는 물살에 노가 부러져 붙잡힌 바 되었으나, 어느 때인들 털오라기 목숨을 아낄 거야 있나. 여드레를 굶어도 한 목숨은 그래도 붙어 있으니 죽지 않는 것은 쓸데나 있는가 해서인 것. 자결하여 버린다고 치욕을 씻는 것은 아닌 것입니다. 비수를 품고 교하(橋下)에 엎드려 조맹(趙孟)의 원수를 갚듯, 사중(沙中)에서 철퇴를 들고 장량(張良)의 분을 풀 듯, 진(秦)을 진(陳)에서 부신 후 양양자사(襄陽刺史)를 돌아오게 한 거나 관서(關西)에서 하수(夏帥)를 빌어다가 역(酈)에서 공을 세운 정부장(廷副將)의 장한 뜻, 이런 따위는 모두 평소의 맺힌 바 있는 데에서 우러난 것이니 귀신께 물어도 알 수 있는 일입니다. 하물며 조벽(趙壁)이 아직 완실하고 한절(漢節)이 아직 그대로 있거늘 저양(羝羊)을 안 길러도 19년의 소중랑(蘇中郎)이 될 수 있고, 미산(彌山)에서 말을 기르면 어찌 수만 중(衆)의 위률(衛律)을 참아 낼 수 있겠소. 흰 머리로 귀국할 것을 생각하되 흑두(黑頭)로 귀가하려니는 생각조차 안 하오. 사람의 목숨이란 닭이나 돼지 같고 몸은 나무나 돌이 아닙니다. 바다 밖 푸른 언덕을 가리키면 산천이 아득하고, 하늘 끝 흰 구름을 바라보면 가슴이 설레는구려! 애끓는 임금의 조서(詔書) 외우시던 것이 아직도 귀에서 넘치며, 용봉 같으신 임금의 모습이 눈앞에 계신 듯합니다. 하늘께 물어 고개를 들고, 땅을 두드리며 주먹을 쥐고 이겨낼 계책만 선다면 사람의 힘으로 될 수 있는 것입니다. 돈만 있으면 귀신도 부릴 수 있으니 동해에 어찌 징검다리가 없으랴.

물결을 뚫고 오기도 어려울 것 없어. 서녘 바람도 힘을 빌려 줄 걸. 배부리기란 말부리기 같은 것, 어찌 그만한 사람이 없으랴. 적을 잡자면 먼저 그의 왕을 사로잡기도 어려울 것 없지. 여씨(呂氏)가 되어 우단(右袒)하되, 누가 역순(逆順)의 분을 모르랴. 관중(管仲)이 아니더면 좌임(左袵)할 뻔하였다 함은 모두 존왕양이(尊王攘夷)의 뜻을 알게 하려 함이니, 멀리 남의 나라에 의탁하려 하지 말고 모두 세 번 사느니보다 의(義)가 중함을 알찌니라. 성패는 하늘의 뜻이니 역도(逆睹)하기 어려우나 정성이면 해도 뚫을 걸. 반드시 성공하리니 나는 두 말을 안 합니다. 한번 힘을 모아 보시오. 무왕은 어진이로 폭군을 정벌하였으되 서산에 들어가 굶었으며, 영진(嬴秦)이 국례(國禮)를 버리니 상공 중련(仲連)은 동해를 밟아 넘으려 하였지요. 해바라기도 해를 보면 목을 숙이나니 사람이 되어 초목만도 못하리까. 되놈의 산에는 들어가지 않음이 복이려니와 문화가 야만으로 변한다는 것은 부끄러운 일입니다. 말과 글로 이루다 뜻을 펴지 못하노니 격문을 띄우되 위와 같습니다.

승정원에 나아가
여쭌 글[詣承政院啓辭]

(경자년(1601 A.D) 5월 19일에 부산에 돌아와 묵다. 성상께서 이 사실을 들으시고 바로 서울로 부르시어 적중사정(賊中事情)이 어떤가 하는 물으심에 대답하여 올린 것이 이 글이다. 차문(差門) 밖에다 술상까지 차려 주시었고, 늙은 아비를 만나 보라 하여 말까지 마련하여 주시었다. 때는 8월 초 하루다.)

소신이 왜경을 떠나려던 날입니다. 왜승 순수좌(舜首座)가 대구 출신 포로 김경행을 불러 귓속말로 신에게 이런 말을 전갈해 주었습니다.

어제 축전중납언금오(筑前中納言金吾)를 만났는데, 그는 말하기를

"내부가 명년에 또다시 조선을 침략할 계획을 세우고 있으니 그렇게 된다면 나도 따라가게 될 것입니다."

라 하니, 수길이가 살았을 적엔 가강은 극력 조선 침략을 반대하던 사람이었는데, 이제 와서 이런 이야기를 하는 것은 필시 내부와 비전(肥前)·비전(備前) 등지의 장군들과의 사이에 틈이 나서 이런 왈자들을 그대로 놓아두면 생변이 터질 염려가 있기 때문에 이 자들을 조선으로 보내어 그들의 병세를 소모시키자는 데 있는 것입니다. 금년 안으로 비전(肥前) 패들과 화해가 성립되지 않는다면 그들의 근본

문제가 해결되지 않기 때문에 조선은 별로 염려할 것이 없지만, 화해가 성립된다면 동병(動兵)은 틀림없을 것입니다.

그 시기는 명년이 틀림 없으리다. 그렇다면 조선도 그에 대한 예비책을 강구하여야 할 것이니 당신이 귀국하면 시방 내 말을 잊어서는 안 됩니다. 나는 평소에 조선 사람들이 죄 없이 수길이의 병화를 입고 있는 데 대하여 이를 딱하게 생각하고 또 기막힐 일로 알고 있기 때문에 이런 사연을 전해 줄 따름입니다.

또 의사 이안(理安)이 금오(金吾) 있는 곳에서 쫓아 와서 명년 재침략 때에 내부는 그의 장자 삼하수(三河守)로 하여금 대장을 삼으려 한다는 말을 전해 주었습니다. 이건 아무래도 수상한 이야기이기에 며칠을 더 묵기로 하고 몇 군데 더 알아보기로 하였습니다. 어느 사람은 말하기를

"금년 정월달에 내부는 5만석거리 이상의 여러 장군들에게 인질을 요구하였는데, 인질은 모조리 관동으로 보내라는 것이었습니다. 그 때 더러는 양자를 보내기도 하였고 더러는 친아우를 보내기도 하였지만, 청정이나 월중수 보고만은 그들의 친어미나 친아들을 보내라 하였고 또 내부는 정월 행사로 왕경에 있는 왜황제를 뵈올 계획을 세웠는데 청정 일파는 먼저 무장병 약간 명을 거느리고 복견성으로 올라와 문안을 드리려 하였습니다.

내부는 이 소문을 듣고 겁이 나서 병을 핑계로 꽁무니를 뺐습니다. 그러기에 왜놈들은 내부의 비겁을 비웃었습니다. 약주소장승준(若州小將勝俊)은 수길이의 본부(本婦)를 모시고 왕경에 있던 때라 가강이 온다는 말을 듣고 황금 사십여 정(錠)을 풀어 만단 준비를 갖추어 놓았던 것입니다. 그가 병을 핑계로 상경을 중지하였다는 말을

듣고 실망이 대단하였다고 합니다. 이런 점으로 보아 청정의 야심이 조선에 있는 것도 아니요, 가강은 또한 이놈들을 하루도 맘 놓고 잊어버리지 못하는 처지입니다.

일본은 본시 수백 년 이래로 갈갈이 찢겨져 관동이 한 나라, 오주(奧州)가 한 나라, 중국(中國)이 한 나라, 구주(九州)가 한 나라입니다. 신장(信長)이 일어나 한 동안 통합한 시절이 있었으나, 그의 말년에는 또 다시 분열입니다. 수길이가 일어나 다시 또한 동안 통합한 시절이 있었으나, 그의 말년에는 또 다시 분열입니다. 수길이가 일어나 다시 또 한 동안 통합하기는 하였지만, 그가 죽고 난 오늘날 또다시 분열되고 말 것은 뻔한 일입니다. 또다시 서로 분열만 된다면 수길이 같은 자가 다시 나오면 모를까 그렇지 않으면 조선이 또다시 왜화를 입을 리는 없을 것입니다. 그러나 세상일은 장담할 수 없는 것이니 언제 어떻게 변할지 알 수 없고, 언제 또다시 한 덩치가 되어 개차반들이 몰아갈지 알 수 없는 일입니다. 더구나 가강의 세력이란 넓은 토지와 많은 백성을 거느리고 천하를 호령하고 있으니, 심복자는 적다 하더라도 강압에 눌려 끌려오는 무리들은 수다히 많은 것이 사실입니다. 그러므로 이러한 정세에 방비를 튼튼히 하여 막아낼 채비를 해놓는 것이 귀국의 득책이 될 것입니다."

(차아원嵯峨院의 왜 여일與一의 말입니다.)

휘원의 모주승 안국사(安國寺)는 항상 제 나라 국정을 듣고 있으며, 이 사람의 곁에는 거개가 우리나라 사람이 있을 뿐만 아니라 이 사람들은 모두 애국심이 철저하기 때문에 오는 길에 이 사람들을 조용히 불러 물어 본즉

"모르면 모를까 아마 앞으로 몇 십 년은 보증하지요. 별 사고 없

으리다. 왜놈들은 지금 제 것 나눠 먹기에 정신이 없습니다. 놈들의 걱정이 올 안에 있는데, 어느 짬에 남의 나라를 건드린 경황이 있겠습니까?"

모두들 이렇게 말합니다. 앞뒤 의견이 아주 다르기 때문에 아울러 그대로 기록하여 올리는 것입니다.

평조신(平調信)은 의지(義智)의 가로(家老)입니다. 대마도의 일은 다 이 사람의 수중에서 요리되고 의지는 그저 그대로 따라갈 뿐입니다. 신들이 배로 대마도를 지날 무렵에 의지는 바로 왜경에 가 있었고, 조신이 의지를 대신하여 그 곳에 머물러 있었습니다. 그가 나룻배 한 척을 보내어 어디로 가는 거냐고 묻기에 저희들은 사실대로 일러 주지 않을 수 없었습니다. 그랬더니 조신은 양식이며 채소를 흠뻑 실어다 주면서 재삼 재사 만나기를 청하는 것이었습니다. 물론 통역을 시켜서였습니다. 신 등은 하륙하여 그를 만나지 않을 수 없었습니다. 조신의 태도는 친절하고 은근하였으며 말씨도 아주 온순하게 나왔습니다. 통역을 시켜 말하기를

"수길이가 일본에 난 것도 천시(天時)요, 귀국이 혹독한 병화를 입은 것도 또 천시이리라. 귀국이 언제나 임진년의 이력을 이 섬에서 저지른 것같이 여기시기 때문에 이 섬에서는 전후 사실을 밝히기 위해 사람을 보내되 보내면 보내는 대로 돌아오지 않습니다. 그러므로 어떻게 할 수가 없습니다. 이 섬은 두 나라 사이에 끼어 있으니 수길이가 귀국을 침범하려고 한들 이 섬의 힘으로야 어떻게 막아 낼 수 있겠습니까? 그러므로 아직 동병하기 전에 미리 그 정보를 귀국에 알려 준비를 해 놓으시게 하는 것입니다. 대중이 한 번 몰아가는 판에는 우리들도 할 수 없이 따라가지 않을 수 없습니다. 사람의 일이

란 언제 뒤집혀질지 모릅니다. 일년이 시들고 귀국이 부강하여져서 동해를 건너 대군이 몰아오게 되면, 이 섬도 또한 할 수 없이 따라가지 않을 수 없습니다. 아마 200년 저짝이짝부터나 될까. 왜선들이 몰래 슬쩍슬쩍 빠져서 귀국을 침범하는 일이 많았습니다. 바다를 건너가는 무리들이라 기껏했자 귀국의 호남 변경뿐이지 영남·관동 지방 깊숙이 들어가지 못한 것은 우리 섬에서 막아내 주었기 때문입니다. 앞으로 귀국과의 통로가 막혀 귀국의 문을 꼭 닫아 버린다면 우리야 어찌 감히 귀국을 범할 수 있으리까마는 남은 놈들이 지나가는 것은 막아 낼 길이 없지 않겠오! 강제로 마구 우겨대는 청은 수길이의 짓이었으니 이후에야 또 그런 일이 있을라구요! 우리들에게 주시던 쌀을 다시 안 주시더라도 그건 좋습니다. 사신을 보내시되 고관이 아니라도 그야 상관하지 않으렵니다. 그러나 부산태수가 보내는 차인(差人)이라도 좋으니 예조(禮曹)의 공문을 가지고만 오면 이 섬 안에 있는 포로들은 다른 사람보다 먼저 서로 의논하여 보내 주도록 하겠습니다."

이 말을 듣고 일단 물러 나와서 우리나라 포로들을 만나 그 간의 사정을 물어 보기로 하였습니다.

"그 간의 고생이 어떻소."

"말 마시오."

"대마도 놈들이란 대체 어떻게 생긴 풍신들이요."

"말씀하시니까 말이지 아주 흉물스런 놈들입니다. 임진 이후로 이 섬을 지나는 군졸들은 아주 극진히 대우하는 구려."

"그렇지 않다고 말하던데……"

"말 하나는 곱지요. 왜놈들의 군들이 지나갈 때마다 어떻게 극진히 접대하는지 눈으로는 볼 수 없읍데다. 잠자리를 마련해 준다, 남기며 부식물이며 할 것 없이 달라지 않는 것까지도 실어다 바치는데요 머. 부비야 얼마가 나든지 상관없이 덤비는데……"

"원 거짓말을 찬물 먹듯 하는군."

"그런데 이것 봐요. 놈들이 철병한 후 벌써 두 해째 나니까 이제는 좀 숨을 쉬게 되지 않습니까? 간사한 놈들 같으니라고. 이제는 우리나라의 환심을 사야 할 판이 되니까 백방으로 주선하여 우리나라와의 통로를 구하자는 거요. 그러기에 당신네들을 후히 대접하는 것입니다. 당신네들 뿐인 줄 아오? 다 그래요. 다 그래!"

"허허 하마터면 속을 뻔했군!"

그 후에 다시 조신을 만났습니다.

"우리들은 남의 나라에 잡혀 와서 4년이나 되었오. 본국의 사정이란 까마득해서 전연 알 수가 없구려. 요새 소식으로는 명나라 군사가 몰려와서 팔도 강산에 그득하다는 말은 들었소마는."

"그런 이야기는 우리들도 듣고 있습니다. 그런데 한 가지 청이 있습니다. 우리나라 예조서계(禮朝書啓)를 좀 가져다 주실 수는 없을까요?"

"만일 그러시다면 따로 전인해서 보내시는 것이 좋을까 하오. 우리가 가지고 간다는 것은 좀 이상하지 않을까요?"

하고 완곡하게 거절했더니 놈들도 눈치 빠른 자들이라

"그렇습니다. 그럴 것 같습니다."

또 다시는 더 말하지 않았습니다.

왜놈의 풍습에 놈들은 어떠한 재주, 어떠한 물건이라도 거기에는 반드시 천하 제일을 내세웁니다. 천하 제일이란 명수(名手)의 손을 거쳐 나온 것이면 제아무리 추악하고 하찮은 물건이라도 천금을 아끼지 않고 덤벼듭니다. 그러나 제아무리 교묘하게 된 물건이라도 명수의 손을 거치지 않은 것이면 물건 수에 넣지도 않습니다.

정원수(庭園樹)를 묶는다, 도벽을 한다, 지붕을 인다는 따위도 그렇거니와 심지어는 패를 찬다, 도장을 찍는다는 따위에 이르기까지 천하 제일을 자랑하려는 풍습이 있습니다. 천하 제일의 명패가 붙은 것이면 이리 끼웃 저리 끼웃 고개를 끄덕끄덕하면서

(좋긴 좋은데!)

아는 체, 별 것인 체 하면서 금이니 은이니 삼사십정 쯤 내던지는 것은 보통입니다. 굴전직부(堀田織部)란 자가 있는데 이 자는 무슨 일에나 천하 제일이니, 꽃나무를 심는다, 다실(茶室)을 짓는다는 따위 일에는 으레 황금 백정이 정가입니다. 숯 담는 깨어진 표주박에다 물 긷는 나무통 부스러기까지라도 직부가 한번 좋은 것이라 칭찬하면 값을 묻는 법이 없습니다. 달라는 것이 값이 되기 때문입니다. 그들의 풍습이 한번 그렇게 젖어진 구석이라 속내를 아는 이는 속으로 비웃지 않을 수 없으나 어떻게 막아 낼 재주도 없습니다. 그러기에 직부의 재산이 가강에 비김 직하다는 소문도 과히 실없는 말은 아니니 남은 천하 제일도 이런 투를 벗지 않습니다.

우리나라 사람들은 매양 왜놈들은 부술(符術)에도 능하고, 복서에도 능하고, 천문도 잘 보고, 지리며 인물 감정에도 꿰뚫어지게 잘 본다는 소문을 고지식하게 그대로 믿고 있습니다. 그러나 알고 보면 그들이 쓰는 부술이란 보지도 못한 것이오, 복서라는 것도 알고 보면 생년월일을 주역 괘에다 맞추어 놓고 그 중 어느 괘효의 단사며 상사를 베껴 줍니다. 그러면 문복(問卜)온 사람은 금과 은을 풀어 복채로 주면서 길흉이 어떤가 하고 물으면 그는

"그 안에 다 적혀 있습니다."

라고 할 뿐 문복자는 아는지 모르는지 그저

"네! 그런가요."

대답하고선 돌아갑니다. 돌아가서는 큰 보화나 얻은 것처럼 서랍 깊숙이 감추어 두고 행여나 샐까 봐서 쉬쉬 쓸어 덮어 간직하여 두는 꼴입니다(그러나 그도 천하 제일이 베껴 준 글이라야 중한 복채를 얻게 되는 것이요, 그 외는 내용이 비록 같다고 하더라도 얻는 게 아주 얼마 되지 않습니다). 천문이니 지리니 인물이니를 보는 그런 학문은 전해 내려오는 것이 전연 없습니다. 안국사(安國寺)란 자가 다소 천문을 풀이할 줄 안다고는 하나 하찮은 이론으로 어리석은 백성들의 귀를 어리둥절하게 하는 따위에 불과합니다. 의승(醫僧) 의안(意安)이란 사람이 일영대(日影臺)·동혼의(銅渾儀)를 만들어 천지 사방의 원근 같은 것을 측정하기는 하였으나, 천상(天象)을 관측하거나 인사를 증험하는 따위에 이르러서는 애당초 염이도 내지 못합니다. 명나라 사람 황우현(黃友賢) 일행이 한낱 부학생원(府學生員)으로 바다를 건너 와서 왜경에서 한 동안 묵게 된 일이 있습니다.

그런데도 그들은 상(相)을 볼 줄 아느니, 의술에 능하느니, 추보(推步)에 밝느니 따위 풍을 한아름 친 바람에 왜놈들은 감쪽같이 속아

(옳지! 천하 제일인가 봐!)

하고 떠들어댔습니다. 놈들의 장군이란 자들도 날에 날마다 가마를 보내느니, 말을 보내느니 하여 그들을 모시어 가니 그들은 벼락부자가 되어 금과 은과 비단을 퍼다 붓듯 벌었습니다. 그들은 그럭저럭 이 땅에서 십여 년 살다가 간다 온다 말도 없이 서쪽으로 사라져 버렸습니다. 그자들의 한 짓도 한 짓이려니와 왜놈들의 본바탕이

그렇기에 그렇게 감쪽같이 속아 넘어가는 것이 아니겠습니까? 소위 장군이란 자들도 문자를 아는 놈은 한 놈도 없고, 그들이 쓰는 글이란 우리나라 이두와 비슷한 글자를 쓰고 있으며, 그 글자의 뜻을 물어 보면

"모르지요. 무슨 뜻인지."

하고 널름 대답할 뿐입니다. 『무경칠서(武經七書)』 같은 책들이 있기는 하나 그대로 간직해 둘 뿐 반줄도 내려 읽는 놈이 없는 그들입니다. 놈들이 헝크러져 서로 싸울 때, 그 때 그저 어떻게든지 이기기만 하면 되었지 병가(兵家)의 기변(機變)이란 전연 아랑곳없는 그들입니다. 이는 우리들 포로들이 직접 보고 들은 사실에 틀림이 없으니 이런 속내를 모르는 어리석은 백성이나 패잔병들은 미혹을 품음 직도 합니다. 그들의 궁실은 높고 선뜻하며 밝고 또 번지르르 하게 꾸밉니다. 재목을 쓰되 가늘고 매끄럽게 다듬어 간편한 것을 주장으로 삼으나 튼튼한가 안한 가는 상관하지 않습니다. 사계를 맞추어 천만 년 묵이로 짓는 우리나라 대사(臺榭)에 비하면 어림도 없는 형편입니다.

왜 그렇게 날려 짓는지 하고 물으면

"싸움이 잦아서 태우고 불지르기가 일쑤니 지었자 조석(朝夕)을 알 수 있소? 그렇기 때문에 높고 밝게나 짓자는 것이지 튼튼하게 지으면 무엇하우!"

"하긴 그렇기도 하겠소."

집간 후원에는 소나무, 대숲, 괴이한 꽃이며 풀잎새들을 줄줄이 심어 놓습니다. 필요한 것이면 십리도 백리도 상관 않는 그들입니다. 그 안에는 흔히 조그마한 다실을 짓되 크기가 나룻배만큼이나 될까. 지붕은 갈대나 띠뿌리로 이엉을 덮습니다. 벽은 황토로 바르고 곁창

을 내는데 대창살을 엮어 만듭니다. 되도록 검소하게 꾸미는데 조그 마한 궁기 하나를 뚫고 그리로 겨우 드나들게 합니다. 귀한 손이 오 는 때는 이 궁기를 열고 맞아들이며, 그 안에서 서로 차를 마시는 것 입니다. 그들의 본심으로는 소박하게 보이기 위해서도 그렇게 꾸미 겠지만 실상은 술잔을 나누고 이야기하는 도중에 그 새에 틈바구니 가 생겨 떠들석하게 되는 수가 있는데, 물불을 못가리는 작자들이 와자지껄 달라들까봐 그를 미리 방지하자는 데에도 그 이유가 있을 것이라 합니다.

사내 녀석은 누구나 할 것 없이 칼을 찹니다. 칼을 찼으니 하는 일이 무엇일까? 그저 칼부림 싸움이나 힘센 일꾼으로 부릴 뿐입니 다. 중[僧]만은 칼을 차지 않습니다. 혹은 의술을 배우기도 하고, 혹 은 장사치가 되기도 하고, 혹은 점도 치고, 더러는 장군집 다실 소제 로 구실을 삼기도 합니다. 이런 무리들은 다 처자를 두고, 술도 마시 고, 고기도 먹으며, 뿐만 아니라 저자 거리에 그대로 섞여 흠데암데 없이 살림을 하고 사는 것입니다. 또 한 패의 중이란 부류가 있는데 그들은 혹은 제자들을 모아 가르치기도 하며, 혹은 염불을 숭상하여 외우기도 하고, 혹은 공자를 존중하여 그 법을 섬기며, 더러는 이리 저리 떠돌아다니며 거지 행세에 인간 화복을 풀이하여 주며 다니는 패들입니다. 이런 무리들은 다 처자를 거느리지 않고 고기도 먹지 않습니다. 대숲 속에 숨어 세상사와는 떨어져 지내는 그들인 것입니 다. 아마도 왜 놈들 열이면 중대가리가 너 댓 평균은 될 것입니다. 왜 그런가 하면 밤낮 죽이고 찢고 하는 싸움이 싫고 뼈빠지게 부리 는 역사가 싫어서 제 한 몸이나 가꾸다가 죽자는 데서 모두 중이 되 어 버리는 까닭입니다.

중으로서 장군에게 속한 패들의 벼슬은 사(寺)라기도 하고, 원(院)이라기도 하며, 혹은 법인(法印)이라 부르기도 합니다. 그러나 장군들과는 따로 지내는 중들의 직위는 장사(藏師)에서 시작하여 그 다음이 수좌(首座)요, 다음이 동당(東堂), 그 다음이 서당(西堂), 그 다음이 화상(和尙), 그리고 장로(長老)가 마지막입니다. 중들 중에 불경을 존숭하는 패에는 나무아미타불 패가 있고, 다른 하나는 묘법연화경 패가 있습니다. 절간을 달리하여 싸우고 찢는데 서로 원수와 같이 흘겨댑니다. 성경(聖經)을 존중하는 패에는 공안국·정현의 전주(箋註)패와 주회암의 훈해(訓解) 패와의 두 패가 있어 서로 분파를 달리하여 당벌(黨閥)을 만들고 있습니다. 싸움 좋아하는 놈들의 풍습이 그래서 그런지 승도(僧道)를 걷는다는 그들이라 하더라도 그 투를 벗지 못합니다.

　　조고원(照高院)이란 중은 대불사(大佛寺)의 범왕(梵王)으로서 현황제의 숙부입니다. 식읍이 일만석이나 되며, 전국 66주 여러 산골에 묻혀 있는 수많은 중들을 전부 통괄하고 있습니다. 해가 바뀌 정초에는 전부 모여들어 이 분에게 인사를 드리는 풍습이 있습니다. 태장로(兌長老)란 중은 제법 무식잖은 것을 떠세하고, 산장로(山長老)·철장로(哲長老) 같은 중은 시인으로서의 이름이 드높습니다. 학교(學校)라는 사람은 『논어』와 『가어』를 가지고 가강의 선생이 되어 있으나, 따져 놓고 보면 어(魚)자와 노(魯)자를 가리지 못할 정도의 선생님이라 합니다. 소위 의술을 풀이할 줄 아는 중들 가운데에는 글자나 다루는 사람들이 더러 있습니다. 시세를 따라 여러 장군들을 섬기는 그들이기 때문에 우리나라에도 이번 전란을 통하여 왕래가 잦은 사람들입니다. 다른 중들도 그들을 가리켜

"중[僧]"

이라 그렇게 부르고 있습니다(장로長老・화상和尙이란 다 왜왕이
주는 중의 벼슬입니다). 그들은 귀신을 믿기를 찰떡같이 믿고 또 귀
신을 섬기기를 제 부모처럼 섬깁니다. 저이들이 존경하고 신뢰하던
사람이 죽으면 반드시 사당을 지어 제사를 모시고 제 아비나 어미의
죽은 날은 대수롭지 않게 지내지만, 신인(神人)으로 모신 그 이의 기
일에는 부정을 꺼린다고 하여 생선이나 고기를 절대로 다루지 않습
니다. 그러기에 명절 때나 이런 날이 되면 장군이 되었거나 그들의
가족이거나 보통 평민에 이르기까지 남녀를 막론하고 깨끗한 예복
에 정결한 몸차림으로 이 길목 저 길목에서 쏟아져 나옵니다. 신사
(神社) 사당 앞뜰은 늘어선 군중으로 빡빡히 들어차고 돈을 던져 그
값어치의 복을 빌자는 게지요! 너도 나도 앞을 다투어 신사나 사당
의 앞에 서보자는 것입니다.

신사의 차림차림은 그야말로 굉장하고 사치스럽게 꾸미며 금빛으
로 눈부실 정도입니다. 천조황대신궁(天照皇大神宮)은 그의 시조가 여
신(女神)이라 하며, 웅야산(熊野山)의 권현수신(權現守神)은 서복(徐福)이
며, 애탕산(愛宕山)의 권현수신은 신라 사람 일라(日羅)의 신이라고 합
니다. 그 외에도 춘일(春日)의 대명신(大明神)・팔번(八幡)의 대보살・대
낭방(大郎房)・소낭방(小郎房) 등의 신을 주워 세자면 그 수효가 얼마
가 될는지 이루 헤아릴 수 없을 만큼 많습니다. 그들이 서로 맹약을 맺
을 때에는 반드시 이러한 신들의 앞에서 금계(禁戒)를 정하여 맹세하고,
더러는 어깨를 지진다, 살결을 뜬다는 등 그런 야만적인 방법을 써가
면서 이래도 나는 파계하지 않을테요 하는 뜻을 보이기도 합니다.

"천도가 무섭지! 천둥[뇌정雷霆]도 무섭고!"

으레 놈들은 이런 소리를 중얼거립니다.

그들은 상[樣]이니 도노[殿]니의 충호를 위아래 없이 씁니다. 그리고 글발에는 반드시 '어(御)'자를 넣어 쓰되 천황이나 평민이나 가리지 않고 뒤섞어 쓰며, 위에서 아래 사람에게 줄 때에도 '공(貢)'자를 쓰고 윗사람이 아래 사람을 찾아볼 때도 '조(朝)'자를 씁니다. 무식한 소치라 나무랄 수도 없지만 간혹 상대방의 실례를 꾸짖어 보면

"왜 사람이 그렇소! 인사를 알아야지!"

"그런가! 잘못되었다면 그만이 아니요."

무안한 웃음을 띠우며 동곳을 뽑습니다. 상하도 모르고 두서도 없는 그들의 민도란 거개 이런 정도인 것입니다.

왜놈들의 성품을 따져 놓고 보면 크다, 위대하다 이런 것을 좋아하고

"그건 내가 한 거야!"

아주 뽐내기를 좋아합니다. 먼 바다를 치건너 남의 나라와 거래하는 일을 마치 무슨 대사나 치르듯 생각하고, 상선을 타고 와서 물품을 팔자는 사람들 보고도 으레

"사신이 금방 들어 왔어!"

외국 사신이나 온 것처럼 떠듭니다. 신이 왜경에 있을 때의 일입니다.

"자네 소문 들었나?"

"무슨 소문이게."

"여태 까막속이네 그려!"

"까막속이라니?"

"남만지방에서 사신들이 온 줄을 글쎄 모르는가 말이야!"

"듣기 처음이네."

이런 소리를 서로 주고받으며 온 장안이 떠들썩합니다. 그야말로 국가 경사나 난 것처럼 시끌덤벙 야단법석입니다. 그런데 알고 보면 허망한 이야기입니다. 신은 진작 우리나라 친구에게서 장사치 십 여 인이 백앵무(白鸚鵡)를 한 배 싣고 온 사실을 들어 알고 있기 때문입니다. 먼 고장에서 외국인이 왔을 때 졸때기들이 멋모르고 덤비는 수가 있습니다. 덤벼서는 죽이거나 죽을 만치 회쳐 놓는 수가 있는데, 그럴 때는 그 놈의 삼족(三族)은 그 날 고만 당장에 없애 버립니다. 행여나 뒷길이 끊어질까 봐서 그러는 것입니다. 앞선 해 8월에 복건지방 장삿배가 살마주(薩摩州)로 행하는 도중에 갯가에 있던 졸때기 몇 놈이 무기를 들고 배에 올라 귀중한 물품들을 전부 약탈하고 알몸만 남겨 놓았습니다. 이 사람들의 분통이 오죽 했을까! 바로 그 길로 살마주로 와서는 의홍(義弘)의 부하에게 호소하였습니다.

"세상에 원 이런 일도 있을까요?"

"왜 그러오."

"아니 글쎄 이렇게 꾀를 벗겨 놓는 법도 있는가 말이요?"

사분사분 모든 사실을 일러주었습니다. 그랬더니 그 길로 의홍은 가강에게 보고하였습니다. 가강은 이런 보고를 받고선 바로 명령을 내려 그놈들을 모조리 잡아 올리게 하였으며, 서울로 데려다가 환괘(轘掛)의 형에 처하고 그 물건은 도로 임자들에게 돌려주었습니다.

인도[천축天竺]지방은 놈들의 땅에서는 상당히 거리가 먼 곳이지만 놈들의 왕래가 끊이지 않고, 복건 상선과 남만·유구·여송(呂宋) 등 지방에서 오고 가는 상선들은 의홍·용장사(龍藏寺)가 관리하고, 우리나라와의 배는 정성(正成)과 의지(義智)가 관리합니다. 나귀니,

노새니, 약대니, 코끼리니, 공작이니, 앵무니 하는 따위가 어느 해치고 안 들어오는 해는 없습니다. 그러면 가강은 제 나라 금과 은이나 창이나 칼을 주고 바꿉니다. 그러기에 그들은 쓸데없는 것을 가져다가 필요한 물건과 바꾸게 되기 때문에 꼬리치고 와서 거래를 트는 것입니다. 그러므로 놈들의 저자 거리를 가보면 중국 물건[당물唐物]이 아니면 남양에서 나는 물자로 그득합니다. 이 땅에서 나는 것으로 금과 은을 내놓고는 별로 신통할 것이 없지 않은가 싶습니다.

왜놈의 서울서 복건까지가 육로로 3리요(여기서부터 따지는 이수(里數)는 다 왜의 이수이니, 여기에 3리라고 하면 우리나라의 30리와 같습니다), 복건에서 대판까지가 물길로나 육로로나 십리요 대판에서 섭진주(攝津州)의 병고(兵庫)까지 물길로 10리인데, 왼편이 담로(淡路)요 바른편이 섭진주입니다. 배로 이 사이를 뚫고 가면 병고에서 파마(播摩)의 보진(寶津)까지 20리입니다. 왼편이 담로요 바른편이 번마인데, 배로 이 사이를 뚫고 가면 보진서 비전(備前)의 우창(牛窓)까지 10리입니다. 왼편이 사국(四國)이요 바른편이 비전(備前)이라 배로 이 사이를 뚫고 우창서 비전(備前)의 호망(戶望)까지 23리입니다. 왼편이 사국이요 바른편이 비후(備後)라 배로 이 사이를 지나가면 호망에서 주방(周防)의 상관(上關)까지 35리입니다. 왼편의 사국은 이로써 끝이 나고 멀리서 구주(九州)의 풍후(豊後)가 바라다 보입니다. 바른편으로 안예(安藝)를 거쳐 주방(周防)으로 빠지는 길이 있는데, 배로 이 사이를 지나자면 물목이 아주 좁고 물살이 세기 때문에 관(關)이라 부릅니다. 상관(上關)에서 장문주(長門州)의 하관(下關)까지 35리요, 왼편으로는 풍후를 거쳐서 풍전(豊前)에 닿게 되고 바른편으로는 주방을 거쳐서 장문에 닿게 되니 배로 이 사이를 뚫고 가자면 바다목이 서로 맞대 있는 곳이라 마치 우리나라 면강(綿江) 목처럼이나 되어서 배부리기가 아주 까다롭습니다.

하관에서 간도(間島)까지 25리인데, 하관 박다(博多)·일기(壹岐)의 사이에 끼어 있기 때문에 간도(間島)라 부릅니다. 바른편으로 육지는 끝나고 바다를 건너 영남 지방의 좌도(左道)와 마주 대어 있다 합니다. 아득한 그 사이에는 배나루터도 없고 잔 섬도 없습니다. 왼편으로 풍전·축전(筑前)을 의지하고 가면 간도를 떠나 일기까지 곧장 건널 수 있으니 48리입니다. 비전(肥前)의 당진(唐津)으로 건너가면 21리입니다. 당진서 명호옥(名護屋)까지는 3리요, 명호옥에서 일기까지는 15리입니다. 일기에서 대마(對馬)의 방진(芳津)이 48리요(방진芳津을 부중府中이라고도 합니다), 방진에서 풍기(豊岐)까지 35리입니다. 풍기에서 부포(釜浦)까지는 38리인데 샛바람, 마파람, 늦바람 어느 바람을 끼거나 돛을 달고 건넘 직한 바닥이라 합니다. 풍기에서는 부산·김해·웅천·창원·거제 등지가 빤히 바라다 보일 뿐 아니라 저기는 어디요, 이것은 또 어디라는 것을 주워 셀 수도 있는 거리입니다. 기장(機張) 이북은 넓은 바닥이 되어서 풍세가 조금만 사나와도 뱃길이 엇나가 실수하는 일이 많고, 한산(閑山)에서 서쪽은 물길이 너무 먼 관계로 건너다니기가 그리 쉬운 고장이 아니라 합니다.

왜놈의 나라에는 재앙과 괴이한 재변이 많아서 대낮에 붉은 안개가 꽉 들어차는 일도 있고, 흙비[토우土雨]나 잔털비[모우毛雨]가 며칠을 두고 계속하는 일도 있습니다.

(이건 좋은 징조야!)

모르고 좋아하면서 긁어모아서는 주머기 속에다 통통이 넣어 차고 다닙니다. 왜중 가운데에는 그래도 더러 아는 놈이 있어서 혼자

서 중얼중얼 군소리를 합니다.

"한무제 때 잔털비가 온 일이 있었어! 왜 그런지 아니? 부역이니, 전쟁이니로 백성들을 마구 들볶는 까닭이야! 일본도 요새처럼 백성을 들볶는 시절은 아마 없을 게야. 토역이라고 한시도 없는 때가 있어야지 그러기에 하늘이 잔털비를 내리는 거야."

을미 병신년 이래로 오늘날까지 4~5년간을 그저 며칠 띄워서 지진이 없는 날이라곤 없습니다. 기해년 12월 24일에 복견에 큰 불이 나서 대전비탄수(大田飛彈守)의 집, 소서섭진수행장(小西攝津守行長)의 집, 증전위문정(增田衛門正)의 위 아래집, 토견감병(土肩勘兵)의 집들이 한꺼번에 타 버리고 불길이 가강의 외성으로 쏟아져 갔습니다. 때마침 하늬바람이 거세어서 불길이 마구 밀리니 내성 위에다 큰 명석을 둘러치고 키 까불듯 까불어 바람막이를 했기 때문에 내성만은 건질 수가 있었습니다. 경자년 2월 초여름에는 비전중납언(肥前中納言)의 집이 타고, 4월 초이튿날에는 궁부병부(宮部兵部)의 집이 탔으니 그야 그들의 덕이 부족하여서만 그리 되었으리라고 할 수 있겠습니까! 아마도 적괴의 흉칙망칙한 행위가 쌓이고 쌓인 끝에 천지 자연의 어긋진 기운을 끌어오게 된 결과로서 생기는 재앙으로 볼 수밖에 없을까 합니다.

환란 생활의 기록[涉亂事迹]

때는 정유년 2월 초파일. 유봉(流峰) 옛터로 돌아와서 한가로운 농촌생활에 그날그날의 세월을 보내고 있었다. 그 때 나는 추관랑(秋官郎)으로 있으면서 어버이를 뵈옵기 위하여 집으로 돌아와 있던 때다.

　그해 5월 17일이다. 명나라 장군 양총병(楊總兵)이 서울서 남원으로 내려왔다. 밀려오는 왜병 3,000을 막아내기 위해서다. 참판 이광정(李光庭)은 분호조(分戶曹) 자격으로 내려 와서 전라도 군량을 재촉하여 실어 올리도록 책임을 맡았다. 그는 또 보좌역을 물색해 주도록 조정에 청을 드렸다. 그래서 뽑힌 것이 나와 삼가거례조좌랑(三嘉居禮曹佐郎) 윤선(尹銑)이었던 것이다.

　5월 그믐께다. 급히 이 재상에게로 쫓아갔다. 그는 벌써 남원에 여러 가지 일을 보살피고 있던 때다. 그는 나더러 현지 양곡의 운반을 재촉해 오도록 지시를 내려 주었다.

　7월 그믐께 통제사 원균이 한산섬 싸움에 실패한지라 한산목이 그만 무너지고 말았다. 8월 보름께는 적의 선봉이 벌써 장원을 침범했다. 사흘 동안의 포위 공격에 못 견디어 총병은 포위를 뚫고 북으로 빠져나고 성은 고스란히 함락되고 말았다.

나는 그 때 막료들에게

"상사(上司)의 간 곳을 찾아야겠다."

이르고 함평서 순창까지 하루 낮 하룻밤을 줄달음질을 쳤다.

"참판은 어디로 가십데까?"

"북행하신지 오래요."

이 말을 듣고 나는 고향으로 되돌아 왔다.

전 군수 순찰사 종사관 김상준(金尙雋)과 의논하여 이웃 여러 고을에 격문을 띄웠다. 의병을 모으기 위해서다. 나라 일을 걱정하는 무리들로 얼추 수백 명이 너도나도 다투어 모아들기는 했다. 그러나 그 때 벌써 적병은 갈재[노령蘆嶺]를 넘어 내닫는 바람에 갯가 어디나 놈들의 발자국에 짓밟히지 않은 고장이 없었다. 졸지에 모여든 그들이요, 또 주장이 없는 그들이라 그 바람에 그들도 그만 뿔뿔이 흩어지고 말았던 것이다.

김공도 할 수 없는 정세에 성을 버리고 북행해 버렸고, 나도 성을 벗어나 집으로 돌아 왔다. 집안 권솔들을 데리고 논잠포(論岑浦)로 빠져 뱃길로 바다를 타고 올라가 보기 위해서였던 것이다. 신 순찰사 황신(黃愼)도 종사관이 되어 상경하게 되었으나, 육로는 이미 막혀 버린지라 허둥지둥 하는 판이다.

9월 14일이 되자 왜적들은 영광군을 온통 태워 버리고, 산이며 바다를 샅샅이 뒤져 가며 잡히는 대로 마구 죽이기로 작정이다. 나는 그 때 밤으로 도망하여 겨우 배에 올랐다. 아버지는 본래 물멀미가 대단하시다. 배가 작아 드리 까불기 때문에 계부님 배로 옮아 가셨지만, 거기는 또 사람이며 물건이 들어차서 종형제들은 설자리조차 만만찮았다.

할 수 없이 그들은 두 형수, 큰 형수, 처조카, 처부모와 내 처첩과 함께 한 배에 타고, 제부의 아비되는 심안칭(沈安秤) 일족이 또 갈 길 없어 하는지라 그대로 둘 수 없어 같이 태우기로 하였다. 사람은 많고 배는 작아서 뱃길이 빠를 리가 없다.

15일에는 두 배가 다 괴머리[묘두猫頭]에서 잤다. 피난선이 예로 모여들어 몇 백 척이나 되는지 까맣게 밀려 있다.

16일에도 그대로 괴머리에서 쉬었다.

17일에는 비로초(飛露草)에서 쉬었고, 18일에는 종형 협(浹)이 선전관으로 신 통제 이순신에 소속해 있다가 우수영을 떠나 우리들 배 있는 고장으로 달려 왔다.

"왜선 천 여 척이 벌써 우수영을 밀고 올라온다. 통제사(이 순신 장군)도 워낙 수에 견디지 못하여 서해 바다를 타고 올라오시는 길이다."

20일에는 이런 소문이 들려 왔다. 이젠 집안 어른들이 모여 수군 수군 의논이다.

"도로 육지로 오릅시다."

"아니 흑산도로 빠져야 해."

"이래도 죽고 저래도 못살게 아니요. 그럴 것이 아니라 우리 두 배안 장정들만 해도 사십 명은 될 것이니, 통제사의 휘하로 들어가 한번 싸워 봅시다."

나와 종형 홍(洪)과 협(浹)은 이렇게 주장했고, 또 의논이 우리 편으로 쏠리었다. 그러자 이건 또 웬 변일까! 사공에 문기(文己)란 놈이 있었는데, 우리들의 이야기를 몰래 귀담아 듣고 제 일을 생각했던 것이다. 제 처자 네 명이 지금 어의도(於矣島)에 있기 때문에 어떻게든지 데리고 와야겠다는 수작에서 나온 것이다. 우리들이 깊이 잠든 틈을 타서 닻을 감고 돛을 걸어 물길 따라 어의도로 가자는 것이다. 그 날이 21일 밤중이다. 깜짝 놀라 깨 본즉, 우리 두 배는 서로 길이 어긋져 노친께서 타신 배의 종적을 알 수 없지 않은가!

"이거 일 났군!"

배를 진다리[낙월도洛月島]로 돌려 뺐다.

"통제사의 배 여나문 척이 벌써 각씨섬[각씨도各氏島]을 지나갔소."

진다리에서는 또 이런 소문이 들렸다. 사공을 재촉하여 다시 배를 돌려 북행하려 하였으나 하도 바람이 내리 쏘는 통에 그도 맘대로 되지 않는다. 왜적의 무리들이 마구 밀려드는 이 판에 부자가 서로 갈리고 보니 이런 판국에서 그래도 믿는 것은 사공뿐이라 그 놈의 행투를 생각하면 당장에 목을 베어도 시원치 않지만 아쉬운 판이라 그도 차마 그럴 수가 없었다.

"당신 아버지 타신 배가 염소(鹽所)로 간 것 같소."

이런 말이 들리기에 염소당머리[염소당두鹽所唐頭]로 가 보았으나 거기도 안 계신다. 아마 잘못 난 소문인가 보다. 그 날은 22일이다. 심안평 일족은 배가 좁아서 하륙하고 말았다. 꼬마둥이 만춘(萬春)이 는 내가 귀애하던 녀석이다.

"배에 물 좀 길러 와야지요."

하고 내리더니만 그만 뺑소니를 치고 만다.

23일 아침이 좀 기울어서 당머리를 떠나 논잠포로 가려던 판이다. 노친께서 혹시 논잠포에나 계실까 하여서다. 바다에는 안개가 끼어 지척을 분간하기 어렵다. 웬 배 한 척이 안개를 뚫고 내닫는다. 아무 래도 수상한 배다.

"왜선이야!"

사공놈이 소리를 지르더니 뱃머리를 돌린다. 이제는 아마 올 데까지 왔나 보다. 옷을 벗고 물 속으로 뛰어 들었다. 놈들에게 붙잡힐 것은 뻔한 일이 아닌가. 놈들에게 당할 굴욕을 생각하면 이 마적에 차라리 죽고 말까보다 하는 생각에서다. 남은 권솔들도 모조리 내 뒤를 따라 툼벙툼벙 물 속으로 뛰어 들었다. 우리들만 살아서 무엇 하랴 싶어서였으리라.

그러나 살고 죽는 것도 맘대로 되는 것이 아닌가 보다. 갯기슭이 얕아서 놈들의 갈구리에 걸려 모조리 구출을 받았다. 한 동안 뱃전에다 눕혀 놓더니 얼마쟎아서 모조리 묶어 세운다. 그 때 외종 金柱天 형제와 종놈 여나문만은 언덕으로 기어올라 도망질 친 바람에 붙잡히지 않았다.

돌아가신 어머니와 형님의 위패마저 물 속으로 떠내려보냈다. 중형이 모시고 다니던 위패다. 품안에 품고 물 속으로 뛰어들기는 했으나 구출을 받을 때 미처 수습할 경황이 없었던 까닭이다. 살으셨거나 돌아가셨거나 섬기자는 뜻이야 한 골수가 아닐 건가! 운명의 장난은 너무도 심한 것 같다.

어린 놈 용(龍)이와 첩의 딸 애생(愛生)의 죽음은 너무도 애닯다. 모래사장에 밀려 물결따라 까막까막하다가 그대로 바다 깊숙이 떠내려 가버리고 말았다.

"엄마야! 엄마야!"

부르던 소리 아직도 귓결에 암암하다. 그 소리마저 시들어질 때 산 아비가 살았다 할 수 있겠는가! 내 나이 삼십에 만득으로 얻은 용이다.

이 애를 배었을 때의 꿈이다. 어린 용이 물 속에서 떠오르는 그런 꿈을 꾸었다. 그래서 이름을 용이라 지었더니

"엄마야! 엄마야!"

를 부르며 물 속에 빠져 죽을 줄을 누가 알았으랴. 인생 만사가 모두 다 미리 작정되지 않음이 없건만, 우리가 그를 모르고 지날 뿐이 아닌가 한다.

왜적들은 우리 배를 저희 배 꼬리에다 매고 바람따라 남으로 남으로 내려간다. 밀바람이라 빠르기가 살 같다. 24일이다. 무안현 어느 구비에 닿으니 낙머리[낙두落頭]라 이르는 데다. 왜선 수 천척이 온 바다에 그득하고 희고 붉은 깃발이 햇빛을 받아 으리으리하다. 사내며 계집이며 이놈저놈이 저로 뒤섞여 질번히 쌓인 시체로 산을 이루고 하늘도 울부짖고 바다도 흐느끼는 상 싶다. 살았어야 산 것 같지 않고, 죽으려 해도 웬 죄인가 싶다. 날 같은 못난이가 천하에 없으련만 이런 정경에 살아 무엇하랴 싶구나!

배는 물 따라 그대로 내려오는 중이다. 어느 놈 한 놈이 통역을 데리고 우리들 곁으로 온다.

"여보게."

"왜 그래."

"자네들 수로대장(水路大將, 이순신 장군)은 어디로 갔나?"

"알고픈가. 태안 안행량(安行梁)은 예부터 험하기로 유명한 고장이야! 이름이나 좋아야 한다고 안행량이라 한 거야! 배만 가면 가는 대로 까바지는 고장이거든. 물길치고는 망나니 물목이지. 그러기에 그 길을 옆으로 질러 명나라 장군 명(名)・고(顧) 두 유격(遊擊)이 수만 척을 끌고 내려오는데, 벌써 군산포까지 와 있었다. 우리 통제사는 워낙 수가 모자라서 한 때 물러섰지만, 시방 명군과 합세하여 머잖아서 내려올거야!"

이 말을 듣고서는 이리 둘레 저리 둘레 서로 쳐다보더니 개중에는 얼굴빛이 새파랗게 질리는 놈도 있다. 그 때 나는 통역더러 슬쩍 이런 말을 물어 보았다.

"지금 우리들을 데리고 가는 놈이 누구지?"

"이예주수(伊豫州守) 좌도(佐渡)의 부하 신칠랑(信七郎)이라 부르는 놈입니다."

"응 그래."

한 동안 놈들의 하는 대로 두고 볼밖에……

한 밤중이다. 장인께서 몰래 결박을 풀어 주시기에 알몸으로 바다 속으로 뛰어 들었다. 놈들은 여기저기서 어순더순 떠들썩 야단법석이다. 그러나 놈들은 재치 있게 끌어 올려 되붙들리게 되니 그들의 감시가 더욱 엄해질 뿐 아니라 동밧줄이 살을 에어들도록 바짝 죄어 묶은 통에 살이 깎이고 뼈가 오도독할 지경이다. 그 때 부스러진 손 등살이 곯아서 종기가 되었고, 3년이 지난 오늘까지도 펴고 구부리기가 시원치 않다. 바른손 뼈대에는 그 때 흉터가 그대로 남아 있다.

"왜 우리들은 안 죽이는 거야!"

"당신네들은 벼슬아치들이 아니요! 의복이며 행신이 그렇게 보이는 걸! 당신네들은 일본으로 데리고 갈 거요. 그래서 경계를 더욱더 엄하게 하고 있답니다."

우리들의 물음에 통역은 이렇게 대답한다. 꽁꽁 묶여 끌려가는 몸이 숨쉴 자유조차 없다. 옛날 중련(仲連)은 영진(嬴秦)이 예(禮)를 버리므로 동해 밖으로 사라지자 했고, 무왕이 폭군을 쳤건만 백이는 그래도 서산에 들어가 굶어 죽지 않았나! 왜놈들이란 본래 섬나라 되놈 중에도 되놈인데다가 우리나라와는 둘도 없는 철천지원수가 아닌가. 놈들에게 붙들려 살기를 바라는 내가 아니지만, 자유 없는 몸이라 죽기조차 맘대로 할 수 없구나!

그렁저렁 사흘이 지났다. 왜적 한 놈이 통역을 데리고 가까이 온다.

내 처와 소첩을 보더니

"어느 댁이 큰댁이요?"

'내가 기요.'

하고 나선 즉 저네들 배로 오르라 재촉한다. 우리들 형제도 가록 지어 태우더니

"네놈들은 다 죽여 버릴 테다."

마구 을러댄다. 소첩, 처, 조부, 큰형수, 종 여나문과 처부의 서제 매들을 이리저리 갈라 태우기도 하고, 정말 죽이기도 하니 이 일을 어떻거나!

맏형이 돌아가실 적에 말문이 어둔하여 종이를 빌려 기록하신 말이 있다.

"네가 있으니 나는 잊고 간다. 형수를 부탁한다."

하시던 말씀 아직도 역력하건만 이 일이 웬일인가! 너무도 기막히고 너무도 원통한 이 사실을 호소할 곳조차 없다. 내 목숨마저 언제 어찌될지 모르지 않나! 종놈들이라 했자 나를 버리고 도망간 놈은 고스란히 살게 되고, 차마 떨어질 수 없대서 따라선 놈들은 도리어 죽게 되니 애닯은 일이다. 기구한 운명이라고 치기는 너무도 안타까운 사실이 아닌가!

놈들은 뭇 배를 끌고 남으로 내리 뺀다. 영산창(榮山倉) 우수영을 지나 순천으로 댔다. 놈들은 순천을 중심으로 갯가에다 둥그렇게 성을 쌓고 뱃전을 지어놓았다. 성은 하늘에 솟구쳐 은하수를 가르는

듯 뭇 배 떼를 지어 옹기종기 모여 있다. 포로들을 실은 배 백여 척만이 큰 바다 물결에 출렁거릴 뿐이다. 잡혀 온지 손꼽아 오늘이 아흐레째로구나! 그래도 죽지 않은 게 용해. 물 한 모금 적시지 않았건만 그래도 멀뚱멀뚱 살아 있으니 말이야.

뒤쫓아 온 남녀의 무리들은 거의 친구들의 가족들이다. 그들에게서 양우익(梁宇翊) 일족은 벌써 전몰했다는 소식을 들었다. 그 날 왜녀가 밥 한 공기씩을 돌려준다. 껍질도 까지 않은 날곡이다. 모래알이 절반은 섞였고 비린내 구린내가 코를 찌른다. 워낙 굶주린 판이라 그나마도 요기가 된다 할까. 밤중이다. 이웃 배에서 들려오던 웬여자의 울음소리가 멈추자 인제는 노래로 변한다. 옥을 빠개는 듯한목청이 밤하늘을 찢는다. 온 가족을 다 잃고 혼자 남은 여인이래. 눈물이 잦아들어 두 눈이 말라버린지 오래라나. 이 밤에 흘린 눈물만해도 옷소매를 젖고 남는다니

　　　임 그려 우는 여인
　　　달빛도 유난한 밤
　　　눈물이 바다 되어
　　　뱃전을 적시나니
　　　이 설움 저 설움 얽혀
　　　헤어날 길 없어라.

　　　何處竹枝詞　三更月白時
　　　隣船皆下淚　最濕楚臣衣

다음날이다. 왜선 한 척이 스쳐 지나간다. 웬 여자의 목소리다.
"영광 사람! 영광 사람! 영광 사람 없소?"
중형수가 나가 본즉 애생의 어미가 아니냐! 서로 갈린 후로 소식

을 몰라 그는 벌써 죽었거니만 생각했다. 아직 안 죽고 살았다니 기적이다. 그러나 그는 필경 굶어 죽고 말았다. 외쳐 부르던 소리 아직도 창자를 에운다. 날마다 밤마다 울고불고 몸부림치는 그를 왜놈들은 두들겨 팼다. 두들겨 패는 것쯤으로 잦아들지를 않았다. 애생의 어미는 이렇게 몸부림치다가 그대로 굶어 죽고 말았다는 소식을 그 후에 나는 들었다.

아득한 바다에 달빛 어린 밤이어라
눈물 섞인 찬이슬에 옷깃이 젖네

넘치는 물결은 임 그린 눈물인가
견우야 너는 알리라, 너는 이 밤을 알리라.

滄海茫茫月欲沈　淚和凉露濕羅襟
盈盈一水相思恨　牛女應知此夜心

가련(可憐)이는 중형의 아들이다. 올해 여덟 살이다. 얼마나 목이 말랐던고! 갯물을 들이켰다. 그 길로 병을 얻어 토하고 瀉하고 야단법석이다. 이놈들 봐! 앓는 놈을 껴안아다가 물 속에다 던지다니!

"아버지! 엄마! 아버지! 아버지!"

부르다 부르다 겨워 그 소리마저 물 속으로 사라졌다. 아비가 소용 있나, 어미가 소용 있나. 네 죽음을 멍하니 보고만 있는 아비가 아니냐 어미가 아니냐!

며칠 후의 일이다. 처부와 두 형이 작은 배 한 척을 몰래 빼돌려 도망을 꾀한 일이 있다. 왜적들이 이 사실을 알고 쫓아가 좌도(佐渡)에게 알렸다. 바로 그 날 저녁 때다. 우리들을 전부 큰 배로 옮겨 실었다. 거기는 다른 배에서 옮겨 온 선비의 자녀들이 많았다. 아마 아홉 명 가량 되었으리라. 귀여운 아가씨들이다. 서로 부둥켜안고 한 바탕 울어 잦힌다.

처제 우영(羽英)이의 나이는 열 셋, 어여쁜 계집애다. 생사를 모르던 아이였었다. 이 날 우리 배로 옮아 왔다.

"할아버지도 돌아가셨어요."

나를 보더니 대뜸 흐느껴 우는 것이었다. 따라온 더부살이들도 하나도 남지 않았다는 이야기다. 모조리 놈들의 손아귀에 걸려 죽어 없어졌다는 것이다.

배를 띄우자 해는 이미 기울어 간다. 밤에 안골포(安骨浦)에서 자고 이튿날 안골포를 떠났다. 큰 바다를 갈고 가는 배라 그런가 온종일을 두고 남으로 내리 빼다가 동으로 또 치올라 챈다. 밤배질도 그대로 계속이다.

"꼬 꾜 — 꼬 꼬 꼬 꾜 —"

웬 닭소리가 들린다. 새벽 안개를 뚫고 둥그런 섬 하나가 보이지 않나! 섬이 아니라 대륙이 가로질러 보인다. 곧 대마도란 데다. 사람 살이가 다르고 의복도 흐리터분하게 입었다. 오! 참. 여기는 딴 세계로구나 하는 생각이 번쩍 든다. 쑥대머리로 세상에 나와 사내 대장부의 갈 곳이 어딘들 못 갈 바 아니로되 누가 이런 왜놈의 구석에 올 줄이야 꿈엔들 생각하였으랴.

비바람 까닭에 이틀을 묵고 다음날 또 큰 바다 하나를 가로 건넜다. 닿는 곳이 일기도(壹岐島)다. 큼직한 섬이다. 다음날 또 바다 하나를 건느니 긴 산 둘레 안에 한 목이 있는데, 오밀조밀한 저자 거리가 보인다. 장문주(長門州)의 하관(下關)이란 데다. 다음날 또 바다 하

나를 건너 언덕을 타고 내려 간 즉 또 하나의 큰 저자 거리가 나타
난다. 주방주(周防州)의 상관(上關)이란 데다. 산수가 깨끗하고 물이
맑아 그림 같은 풍경이다. 따뜻한 고장이라 감귤이 치렁치렁 열려
햇빛에 번쩍이는구나! 도깨비 같은 놈들이 사는 고장으로서는 아까
운 정취다. 다음날 또 바다 하나를 건너 닿은 곳이 이예주(伊豫州)의
장기(長崎)다. 여기서 비로소 배를 버리고 육지로 올랐다. 굶주리고
지치고 피곤한 탓이겠지. 한걸음에 자빠지고 두 발자국에 넘어진다.
여섯 살 난 계집애도 제풀에 걸음을 못 걷는다. 처와 처모가 번갈아
업어 주고 업어서 개울 하나를 건너다가 거꾸러지고 말았다. 자작
일어 설 기운이 없는 게지. 쓰러진 그대로 그만 누워 버린다. 여기도
사람 사는 고장인가! 고마운 사람이 있었다. 우루루 좇아오더니만
부둥켜 일으켜 준다. 그 사람의 눈에도 눈물이 글썽글썽 한다.

"저런 세상에 원! 대합(大閤) 양반은 저런 사람들을 잡아다가 무엇
에 쓸 작정이야! 천도도 무심하지!"

중얼중얼하면서 자기 집으로 줄달음질쳐 가더니만 조밥에 차를
끓여다 준다. 우리 일족은 그걸 얻어먹고 겨우 생기를 얻어 눈도 뜨
이고 귀도 트이는 것 같았다.

어디나 인정은 마찬가지다. 왜놈들이라고 해서 죽기를 좋아하고
살기를 싫어할 리가 없다. 왜놈들이 흉칙한 짓을 하는 것은 법령을
마련하여 사람들을 그런 틀에 짜넣기 때문이리라. 앞선에 대합이란
수길이를 가리킨 말이다.

10리쯤 걸어서 닿은 곳이 이예주의 대진성(大津城)이다. 거기다 유
치하여 두기로 한다. 두 형과 처부의 가족들은 한 묶음해서 딴 방 하
나를 치워 준다. 사내놈 하나, 계집년 하나를 더불어서 시중을 들게

해주는 데, 밥 한 그릇, 국 한 그릇, 생선 한 마리씩이다. 머나먼 되놈의 땅에 왔을지라도 우리들 형제끼리는 서로 갈리지 않고 모여 지내게 되니 한 가지 다행한 일이랄까. 어느덧 동지가 되어 울적한 마음 풀 길이 없다.

> 지난해 이 날에는 우리 임 뫼셨거니
> 엎드려 올린 술잔에 태평을 빌었더니
>
> 임 그린 일편 단심 어디선들 잊으리오
> 한 줄기 솟치는 시름만 가슴속에 어리누나.

去歲玆辰捧御床　戴星年捧祝堯觴
今年流落丹心在　一日愁隨一線長

만력 26년(도깨비 굴속에 묻히어 있기 때문에 해를 기록하여 존왕(尊王)의 뜻을 표하노라) 무술 새해다. 해가 바뀌었다. 폭죽을 올려 귀신을 쫓고 연등을 켜 새해를 맞이하는 그런 풍습은 「형초세시기(荊楚歲時記)」와 비슷하지만, 아뿔싸 사람 낯짝에 짐승 같은 놈들인 것만이 다르다 할까!

좋은 때 좋은 시절을 당할 때마다 안타까운 마음 견딜 수 없구나. 임금을 생각하고 어버이를 그리워한들 누가 알아나 주랴. 고래가 물을 뿜는 아득한 섬나라가 아니냐!

새 봄이 되면 아지랑이 피고 피어오르는 새 움을 행여나 밟을세라 산으로 들로 흥겨운 발자국이 개운개운한 시절이지만, 우리들의 형제끼리는 가족들도 마찬가지 서로 치어다만 보는 눈에는 눈물만이 어리어 흐른다. 어인 일이냐. 고향에는 소나무 우거지고 느티나무

아담진 마을이 있었더니라. 병화(兵火)에 타 버리고 남은 자국을 돌아다보는 이 누구일까. 보리밥덩이 일망정 던져

"고수래!"

를 불러줄 이도 아마 없으리라. 시절 따라 상하는 마음을 풀 길이 없구나! 춘삼월 좋은 시절만이 그런 것도 아니다. 서늘한 가을 국화 피는 구월이 되어도 외로운 정회는 매한가지다.

정월 초닷새 날 조카딸 예원(禮媛)이 병으로 죽고, 아흐렛날 중형의 아들 가희(可凞)가 연달아 쓰러졌다. 형제끼리 들것에다 메고 물가 으슥한 고장에다 묻어 주었다. 우리 형제들의 소생이 모두 여섯인데 바다 속에 빠져 죽은 놈이 셋, 왜놈들의 땅에서 죽은 놈이 둘, 남은 거란 어린 계집애 하나뿐이다. 정산두(正山斗)가

　　　네게 허물이 있으랴
　　　너를 이처럼 만든 것은 내 죄야. 내 죄.
　　　난간에 지혀
　　　백년을 울어도 못 풀 한이다.

　　　致汝無辜惟我罪
　　　百年慙痛淚闌干

이라 한 것은 이를 두고 이른 말인가 한다. 애닯고 안타깝기는 하지만 오히려 너희들처럼 죽어 이도저도 다 잊고 마는 것이 부러울 신세다.

정월 그믐께다. 명나라 군사가 몰아 와서 울산 있던 왜놈들은 태반이 고래 밥되고 호남 지방 전역에 걸쳐 적굴이라고는 순천만이 남아 있다는 쾌보가 들린다. 애닯은 정회와 반가운 소식에 얼떨떨하구나.

| 고마울손 왕사(王師)여 | 聞道王師至 |
| 내 고장에 오셨다지 | 全湖半已平 |

| 우리 임 편하신가 | 吾君無疾病 |
| 어버이도 잘 계신가. | 老父尙康寧 |

| 우뢰는 바다를 흔들고 | 鯨海天威動 |
| 벌집에 달무리 어리네 | 蜂屯月暈成 |

| 애닯음과 기쁨이 뒤섞여 | 哀情聞吉語 |
| 눈물이 넘쳐 강물이 되네. | 喜淚作河傾 |

2월 초 닷새 날 통역에게서 들은 말이다. 평의지(平義智)의 부하 백여 명이 귀순해 왔고 시방도 연달아 투항해 온다는 것이다.

| 적군이 꺾이면서 | 聽說凶鋒折 |
| 항서가 잇닿는구나. | 降書日日聞 |

| 호남 빈 터전에 | 湖南空荇食 |
| 너희들 갈 곳이 어디냐. | 嶺外只孤軍 |

| 흰 물결은 동해를 씻고 | 鱗浪淸東海 |
| 낭성은 북신에 읊조리오. | 狼星拱兆辰 |

| 내 비록 천만번 죽더라도 | 孤臣雖萬死 |
| 백골은 남아 춤을 추리. | 白骨有餘欣 |

봄비는 부슬부슬 이 맘을 적시어 준다.

봄비에 젖은 마음
고향이 그리워라.

울 아래 내 집 울 아래 아롱진 꽃들
언제나 보게 될까! 언제나 보게 될까!

春雨一番過　歸心一倍多
何時短墻下　重見手栽花

4월 27일은 돌아가신 어머니의 기일이다. 의복이 깨끗하지 않고 제물이 터분하면 제사를 못 모시는 법인데, 왜놈들의 찌끼를 가지고 어떻게 정성을 아릴 수 있겠는가. 그러나 이 날을 거저 넘길 수도 없기에 간략한 상을 차려 놓고 축문을 올렸다.

"불초한 자식들은 선영의 뜻을 잇지 못하고 뒷마저 끊기고 말았습니다. 외진 타국으로 밀려 와서 묘토에는 가시덩쿨만 우거지고 위패마저 떠내려 보내게 되었구려! 자나깨나 잊지 못하는 마음 가슴을 어이고 뼈를 깎나이다. 가을 서리 봄 이슬을 피할 길이 없는 신세에도 날 가고 달이 가니 오늘이 돌아 왔구려! 만리 타국 떠내려 온 저희들에게 무엇이 있으리까. 실컷 울고나 싶어도 놈들의 눈쌀에 그도 못하는 처지입니다. 하늘을 우러러봄에 초목도 흐느끼는 상싶습니다.

어머님 어머님은 알으시리이다. 내려와 저희들의 정황을 굽어보소서."

금산(金山) 출석사(出石寺)는 이예주에서 남으로 30리 떨어진 곳에 있다. 한 중이 있는데 자기는 비전주(肥前州) 사람이라 한다. 어려서부터 벼슬을 살아 탄정(彈正, 벼슬이름)에까지 이르렀고, 우리나라 서울에도 와 본 일이 있는 사람이다. 나이 늙어 이제는 은거 생활에 절간 토지 마지기나 얻어 생계를 유지하고 있다. 그는 은근히 내게 시 한 구를 청하는 것이다. 자기 부채에 기념으로 써 달라는 것이었다.

해동이 여기던가 천리 밖 아득한 곳
바람편에 보내는 소식 아는가 모르는가.

봉성 옛터의 소식은 아득하고
꿈도 물결에 싸여 가도오도 못하네.

두 눈을 씻고 보라 일월이 아득거냐
한마음 기러기 뜻을 사긴 지 오래다.

강남에 꾀꼬리 울고 꽃은 피어 만발한 곳
날랜 배를 타면 돌아와 그대에게 묵으리.

錦帳名郞落海東　絶程千里信便風
鳳城消息鯨濤外　鶴夢儀形蝶夢中

兩眼却慙同日月　一心猶記舊鴛鴻
江南芳草群鶯亂　倘有飛艎返寓公

중이 물끄러미 들여다보더니 고개를 끄덕거리며,

"알겠소. 알겠어! 그러나 배도 없고 붙잡혀 있으니 어떻거오."

대진성(大津城)은 높은 산꼭지에 있고, 산밑으로는 긴 강이 휘휘
둘러 있다. 시퍼렇게 맑은 물이 늘상 흐르고 있는 강이다. 간혹 성안
에 사람 없는 틈을 타서 서쪽을 우러러 실컷 울고 어슬렁어슬렁 내
려온다. 그러면 저으나 마음이 좀 풀리는 것도 같다.

이 길이 꿈길이더냐
창해 밖 아득한 곳이야.

고을이 메 위에 있구나
백성은 물 속에 살고.

언제나 부처님만 떠대네
날마다 싸움 채비만 차리며.

여기는 만리 타국
내 고장 남산일랑 몇 겹을 더듬어야 하노.

玆行曾入夢 滄海一天東
城邑層峰上 民居亂水中

恒言稱佛戒 常日展軍容
信美非吾土 南山隔幾重

　　서울 대전 거리에서 살다가 임진년에 잡혀 온 사람이 있다. 왜정
에서 도망쳐 이예주로 와서는 날마다 내게 놀러오는 것이었다.
　　"어떻게 돌아 갈 길은 없을까요?"
　　"일을 한번 꾸며 볼까."
　　"글쎄요."
　　"글쎄요가 아니라 돈만 있으면 되지."
　　"돈은 좀 있어요."
　　"그러면 되었군. 그런데 왜말은 어떤가?"
　　"좀 알지요."
　　"되었어 되어. 그대의 힘을 빌어 고국 산천을 다시 보게 된다면
이 몸을 털어서라도 그 은혜를 보답하겠네."
　　"원 천만에 말씀을 다하십니다."
　　이렇게 해서 서로 의논이 맺어졌다. 그리하여 5월 25일날 밤길을
타 서쪽으로 빠져 나왔다. 밤길 80리를 다퉈 오고 보니 발바닥은 부
르트고 피까지 줄줄 흐른다. 낮에는 대숲 속에 숨었다가 이튿날 밤

에 다시 길을 떠났다. 그날 밤 판도현(板島縣)을 지나다가 문득 성문 위에 줄글 한 장을 써 붙였다.

"너 이놈들! 네놈의 군신 놈들의 죄를 들어보아라. 명분이 서지 않는 군사를 일으켜 죄 없는 나라를 치다니! 선왕의 종묘를 헐고 선왕의 능을 파헤칠 뿐 아니라 노약을 죽이고 자제들을 끄집어가니 닭, 돼지, 강아지, 풀잎새, 벌레에 이르기까지 너희놈들의 독기에 시달리지 않은 거라고는 하나도 없다. 아마도 인류 창생 이래로 병란이니 전화니 해도 너희들 군신 놈들의 행패에 더 덮을 참변은 없을 것이다. 너희들은 언제나 해와 달께 제사를 모시어 좋은 징조를 바라기가 일쑤요 석가모니를 숭상하여 복을 구하지 않느냐? 해와 달은 내 두 눈이니 아래 너희 놈들의 잘 잘못을 내려다보아 복과 화를 가려내어 너희들에게 베풀어준다. 석가모니도 내가 내려보내어 너희들의 스승이 되게 한 것이다. 살상하지 말라 하여 살리기를 좋아하는 내 뜻을 널리 너희들에게 알리기 위해서인 것이다. 바다의 안밖을 통틀어 다 나의 소관 아닌 곳이 없으니 조선 백성들도 다 내가 사랑하는 족속이다. 너희들은 그런 줄을 모르고 죽이고 모조리 살상하자 악착을 떨고 덤비니 일월이 너희들 편만을 들어 줄 줄 아느냐. 석가모니가 너희들의 잘못을 쓸어 덮어 줄 줄 아느냐. 작년에 네놈들 서울성이 무너져 많은 인명과 가축이 상하지 않았더냐. 그래도 깨닫지 못하느냐. 금년에는 동남 지방에 물난리가 나서 보리 모가지 한 톨도 남기지 않는데 그래도 모르느냐. 너희들 먹보 같은 놈들에게는 한 번 더 깨우쳐 주자는 것이 이 글이다. 이제 주동방가모니불(主東方迦牟尼佛)을 보내어 너희들에게 이 글로써 알리는 것이다. 만일 조선 백성들을 위하여 너희들이 손을 거두지 않는다면 큰 재앙을 너희들에게 퍼부어 조금도 용서가 없을 것이다. 명심하라. 나는 두 번 다시 이르지 않을 것이니 후회함이 없도록 하라."

왜놈들은 본래 귀신을 숭상하여 항상 해와 달께 제사를 모시고 자나깨나 중얼중얼 염불을 외우는 버릇과 풍습이 있기에 천명이니, 부처님 말씀이니를 빌어 그들을 한 번 놀래주자는 것이었다. 행여나 조금이라도 깨닫는 바가 있을까 해서다. 그래서 그랬든지 어째서 그랬든지 적괴 수길이가 6월초부터 병을 얻어 들어눕더니 가을 바람이 불자 죽지 않았나! 내 말이 결코 헛되지 않았던 것 같다.

판도에서 서쪽으로 10리만큼 떨어진 곳에 한 대숲이 있었다. 들어가 잠깐 쉬기로 했다. 웬 늙은 중 하나가 나이는 예순 남짓이나 될까 폭포에서 몸을 씻고 밥을 지어 햇님께 제사를 모신다. 그리고선 바위 위에 올라 이울이울 낮잠을 자는 것이었다. 통역을 보내어 슬쩍 우리의 온 뜻을 전해 보았다.

"노승님."

"왜 그러오."

"우리들의 사정을 좀 들어주시려오."

"뭔데."

"말씀 드리기가 딱해서!"

"말을 해야 알지."

"고럼 여쭙지요."

"말을 하래도 그러네."

"다름 아니라 이 강을 건너 서쪽으로 빠져 가야 할 사람들이오. 우리들은 조선 사람이오."

"허허 응 그런가. 그래. 그래야지. 어서들 가야지."

그 중은 쾌히 승낙하여 우리들을 풍후(豊後)까지 배로 건너 주기로 했다. 우리들은 어찌나 좋았던지 발걸음도 가분가분하게 중의 뒤를 따라 내려오는데, 통역이 앞을 서고 중이 그 뒤를 따르고 우리들은 조금 떨어져 그 뒤를 따랐다. 열 발자국이나 내려 왔을까 웬 왜적 한 놈이 병졸 놈을 데리고 불쑥 나타나지 않았겠나. 우리들을 보고선

"도망꾼이야! 조선놈들이야!"

졸병놈들이 칼로 치자고 덤벼든다. 할 수 있나 한번밖에 더 죽으랴 싶어서 목을 빼 내밀었더니 우리들을 끌고 판도시(板島市) 성문 밖으로 간다. 거기는 나무 여나문 토막을 걸쳐놓고 죽은 사람의 해골을 수 없이 걸어 놓았다. 여기는 소위 외국인 거류지다. 우리들을 그 밑으로 끌고 가더니 목을 벨 듯이 엄풍이를 떤다. 한 놈이 나서더니 그리 말라 타이르고 우리들을 성안으로 보내 준다. 성문을 지날 때 웬 놈이 쑥 나서더니 가자고 하는데, 본즉 맨 처음 우리들을 붙들어 왔던 신칠랑(信七郞)이란 자이었다. 술과 밥상을 잘 차려주며 한 사흘 묵혀 놓더니 도로 대진성으로 압송이다. 이 일이 있은 후로는 옴쭉달싹을 하지 못하게 되어 일 없는 세월에 그렁저렁 소일해도 힘이 들었다. 하루는 심심풀이로 승사(僧舍)를 찾아갔더니 어느 중이 은근히 내게 시 한 구를 지어 준다.

어진이를 만남이여 꿈인가 참이로세
아뿔싸 그대는 외진 곳에 떠돌도다.

달이 뜨고 꽃이 피면 한이 어찌 없으랴
전쟁으로 끝 없는 이 나라에.

初逢賢聖夢耶眞　堪惜高人客裡身
見月見花應有恨　扶桑國盡戰爭塵

이어 또 한 구를 지어 준다.

귀밑 서리 날리니 옛 성현 모습이라
한 많은 세월에 시조차 마르도다
어즈버 짓밟힌 고국은 몇 겹이나 되느냐.

雪髮霜眉創見眞　胡雛康老是前身
淸詩寫盡泥中恨　帶劍諸奴隔幾塵

좌도(佐渡)의 이비 백운(白雲)의 집에 늙은 학[현학玄鶴]이 있다. 감회가 없지 않아 한 수를 읊으니

사람 사는 고장에 선학(仙鶴)이 웬일이야
푸른 잔디 우거진 곳엔 언제나 돌아가오.

천년을 곱게 지낼 그대이거니
이 곳 적간관(赤間關)은 몇 해나 되오

티끌을 털지 못해 허대는 모습
푸른 바다 건너 산이 그리울 게요.

언제 다시 후두둑 둥실
기화(琪花) 핀 고개를 넘나들 건가.

仙鶴下人間　芝田幾日還
千里華表柱　數載赤間關

未拂塵中累　常懷海上山

那時換毛骨　琪樹得重攀

무안현 아전 서국(徐國)이 포로로 대진을 떠나려 할 무렵에 자주 와서 시 한 수를 지어 달라기에 지어준 시다.

> 그대는 진작 서경에 묵던 손
> 오늘은 동해 바다 떠도는 사람.
>
> 세월이 흘러 또다시 바뀌는 날엔
> 천도란 어찌 없을 것이냐.
>
> 황성이 그리울 젠 해를 쳐다보고
> 어버이가 그리우면 구름을 바라보나니.
>
> 억지 노래에 눈물이 섞이고
> 찬 웃음에 주름만 잡히네.

早作西京客　今爲東海人
歲行垂再易　天道豈終貧

戀闕頻看日　懷親輒望雲
强歌工迸淚　冷笑却成顰

6월이 되자 좌도(佐渡)가 철병하여 왜경으로 돌아왔다. 부하를 보내어 우리 전 가족을 서경 대판으로 데려 오라는 것이었다. 배를 타자니 감개 무량하다.

> 고국이 몇 천린고
> 멀리 동으로 동으로만 가네,

해돋이 끝장 난 곳
소식은 바람편에 보낼 거냐.

얄궂은 괴수가 살고
요망스런 채약군이 법석대는 곳.

사나이 평생에 어디는 못 가랴만
이렇듯 왜놈의 땅에 오다니.

去國今千里　迢迢更向東
應須窮出日　都只信便風
禍首軒轅氏　妖胎采藥童
男兩四方志　不意到倭中

배 안에서 또 한 수를 얻었다. 여드레를 두고 지루한 뱃길이다.

가슴에 근심 가득 벌집처럼 찢긴 가슴
삼십에 귀밑 머리 서리발이 일었어!

네가 이리 여위고 이리도 마른 것
다만 고국이 그리워 고국이 그리워서야!

명의(名義)를 중히 여겨 글을 읽던 나다.
그래도 옳으니 그르니 시비도 많으리오.

요동학이란 웬 말 내게는 당찮아
바닷가 양떼를 치나니 죽지 못해 사는 거야.

滿臆千愁苦蜜房　年纔三十如霜
豈緣鷄肋消魂骨　端爲龍顔阻渺茫
平生讀書名義重　後來觀史是長
浮生不是遼東鶴　等死須看海上羊

새벽녘에는 잠이 푸군히 들었다.

"서울이오. 서울이 다 왔어요."

배 안에 있는 우리나라 사람이 이렇게 깨우쳐 준다. 깜짝 놀라 일어난 즉 멀리 구름밖에 겹겹이 싸인 십층 누각이 푸른 바다 위로 솟구쳐 보인다. 가슴이 떨리고 정신이 아찔르르하다. 감회가 없지 않아 한 수 읊어 보았다.

서울이 가까왔다지!
서울이랬자 도깨비 고장이다.

범의 굴 찾는데 인연은 무슨 인연
우리 임 얼굴은 뵈올 길 없는 신세다.

흥청 마실 젠 딴 뜻이 있었건만
이렇듯 외로운 실세는 언제나 풀릴거냐!

한숨 겨워 뒤치락 엎치락
꿈에 언뜻 남산이 보인다.

報道王京近　王京是鬼關
非緣探虎穴　無路覲龍顔
痛飮初年計　孤囚幾日還
愁多飜作夢　候忽見南山

(악비岳飛가 황룡부黃龍府에서 흥청 마시던 고사가 있다.)

우리나라 병선들이 왜적들에게 빼앗겨 우치하(宇治河) 기슭에 놓여 있다. 보아하니 마음이 괴롭다.

아뿔싸 저 우리 병선
너는 왜 바다를 건너 온 거야.

부리던 장군의 잘못이지
제작이 잘못된 건 아닐 테지!

비가 쏟아 아장(牙檣)이 부러지고
중국(中軍) 호절(虎節)은 텅 비었다.

내가 살았다는 건 뜬 토막 같은 신세
너를 보니 눈물을 걷잡을 길 없구나!

可惜黃龍船　胡爲碧海東
將軍自失律　制作豈非工
上雨牙檣折　中權虎節空
吾生猶泛梗　見爾涕無從

　대판에서 다시 작은 배를 타고 복견성으로 옮겼다. 밤배질이라 배
안에 누워 애닲은 정회나마 풀어 볼까 하고 한 수를 지으니

배는 갈대를 스친다. 달은 둥실 밝다.
새벽녘 모래 기슭에서 잠든 백구가 놀란다.

몇 해를 두고 바다의 뱃전이 내 집이거든
머리 센 늙은 사공의 삿대 소리 들린다.

舟着蘆花月正明　五更沙岸宿鷗驚
經年海船爲吾室　頭白篙工上棹聲

　복견에 닿으니 왜적은 우리 가족들을 어느 빈 집 창고 안에다 넣
고 거기서 쉬도록 해 준다. 문직이로는 시촌(市村)이란 자를 세워 놓

는데, 아주 판판 늙은이다. 우리나라 선비로 동래 김우정(金禹鼎)·하동 강사준(姜士俊), 강천추(姜天樞), 정창세(鄭昌世)·함양 박여즙(朴汝楫)·태안 전시습(全時習)·무안 서경춘(徐景春) 같은 이들이 모두 함께 모이게 되었다. 다 같은 포로의 신세들인데 날마다 만나는 것이 일과다. 하루는 우정이 찾아와서 이런 이야기를 던지고 간다.

전라 좌병영 우후 이엽(李曄)이 청정에게 잡혔는데, 청정은 그를 수길이에게로 보냈다. 수길이는 그를 극진히 후대하였고 음식·거처 등속을 제 살림같이 꾸며 주었다. 엽은 그런 것들을 조금도 돌보지 않고 임진년 포로들과 결탁하여 돈이며 비단 같은 것을 풀어 배 한 척을 샀다. 서쪽으로 빠져 나가자는 것이다. 적간관(赤間關)까지 빠져 나기는 했으나 어느 새 알고 쫓아오는 놈이 있었다. 엽은 잡히느니 차라리 죽음이다 하고 칼을 빼어 물고 물 속으로 뛰어 들었다 한다. 왜적들은 엽의 시체를 건져내어 남은 사람과 함께 환괘(轘掛)의 형에 처했다니 애닲은 일이 아닌가. 무사 엽이로되 글에도 빠지지 않았다니 배 떠나기 전에 읊은 그의 시에

봄은 동녘에서 오는가 한 많은 봄이로세.
바람
너는 서녘으로 가느냐 맘만 들떠 바쁘이.

새벽달
어버이 한숨 실은 새벽달일세
밤길도 더듬더듬 헤매신다지.

촉대(燭臺)로 새운 밤을 그 누가 알랴
그 누가 알랴. 아침 햇빛에 복바치는 새 설움을!

글방 옛터에 피고 진들 누가 알리
선영 뒷산에 잡초는 누가 뜯고.

삼한의 피를 받아 굵어진 이 뼈
어찌타 짐승놈들과 섞일 수가 있느냐!

春方東到恨方長　風自西歸意自忙
親失夜節呼曉月　妻如晝燭哭朝陽

傳承舊院花應落　世守先塋草必荒
盡是三韓候閥骨　安能略域混牛羊

　나는 이 이야기를 들을 때 이마에서 진땀이 주루루 흐르는 줄도
모르고 멍하니 서 있었다.
　(무사 중에도 이런 사람이 있는가! 나는 글자나 읽는다는 사람이
아니냐!)
　바로 잇달아 한 수를 지으니

장군의 기개는 하늘 같거늘
뉘라서 바쁜 길을 만류하겠나.

의로운 이 즐거이 동해에 잠기니
맑으신 뜻 멀리 수양산과 통하고.

낚시 끝에 가을비를 적심 직도 하거늘
차라리 땅에 묻혀 잡초에 덮일건가!

글 읽은 선비로 이 무슨 꼴
이해저해 굶주림에 양지기 되단 말가.

將軍氣槪與天長　何者翻論此去忙

義骨樂沈東海底　淸風遙接首山陽

竿頭好受秋霖洗　埋土寧敎塞草荒
萬卷書生無面目　兩年窮髮牧羝羊

또다시 한 수를 지으니

임 그린 뜻 바다 되어 하늘에 닿을 세라.
갈갈이 맞힌 가슴 풀 길 없는 세월이다.

해바라기 해돋이에 고개를 기울이고
가을철 기러기는 강남으로 가는구나!

혼백은 비줄기 쫓아 구름 위를 날고
마음은 바람 따라 창공을 흔드누나.

고마울손 그대의 진중한 뜻이어늘
술 한 병 들고 양치는 이 위로하네.

君恩北望海天長　葛節東偏歲月忙
觀物每漸葵向日　蓬秋却羨雁隨陽

魂追斷雨飛遙塞　心逐雄風撼大荒
多謝故人珍重意　一壺椒醑慰看羊

또 한 수를 지으니

만리 밖 푸른 별 바다도 길고
꿈길만 왜 그런지 오가기에 바쁘다.

삼청리한(三淸離恨)은 봉래산 밖이어늘

가고픈 일편단심은 한강수 기슭이다.

인생이란 눈깜박하는 새
천도는 이다지도 거치단 말가!

의(義)를 위해 죽으란 우리 집 교훈
동자도 오히려 짐승 앞에 부끄러워하리라.

萬里靜丘海驛長　夢魂何自去來忙
三淸離恨逢山外　一片歸心漢水陽

算得人生眞抄忽　看來天道豈蒼荒
成仁取義吾家訓　童子猶慚拜犬羊

　강사준·정창세(鄭昌世)·하대인(河大仁)에게 주는 글이니 이들은
진주의 세 큰 성씨다. 강하정이라 부르니 제 고장을 떠나 서로 만나
게 됨에 더욱더 다정하게 되었기 때문이다.

방장산 높더구나 이 어인 분들
진양 세 성바지 가지런히 지내누나.

어찌타 신라 시조의 자손
이렇듯 천한 신세 되었단 말가.

단속사 매화는 제 홀로 피고
명가의 옛터에는 봄들만 우겄으리.

춘신(春神)은 봄바람에 소식을 전할 거요
가을철 푸른 들에서 다시 만나 보오리.

方丈山高降異人　晉陽三姓接雲因
如何赤世貂蟬骨　竟作炎荒瑣尾身

斷俗寒梅花自發　鳴珂舊里草空春
東里倘借東風便　白露靑原更卜隣

(우리 선조 통정通亭께서 단속사斷俗寺에 매화를 심었더니 산승이
이를 정당매政堂梅라 불렀다. 그러자 정당매가 말라죽으니 그 곳에
다른 매화를 심어 놓았다.)

또 다른 한 수를 지으니

만리 타국에서 고국 동포 서로 만나니
가슴 쓰려 묻기도 차마 어려워라.

부끄러운 일이야 나의 섬나라 삼 년 세월
포로된 그대의 처지가 몹시 안타깝다.

억센 풀 꺾이지 않고 서리에도 푸르르고
찬 매화 오히려 세한 철을 그리나니.

술잔 앞에 거둔 눈물 웃음으로 돌리노니
밤이슬은 방울방울 이웃을 즐기는가.

絶城相逢故國人　傷心不忍問由因
慙吾北海三年節　愛子南冠八尺身

勁草不摧霜後綠　寒梅猶戀臘前春
撙前破涕還成笑　泥露多君德有隣

　기유년에 명현 대사성 김식(金大司成湜)의 손 학사 권(權)의 조카
흥달(興達)·흥매(興邁) 두 형제가 나와 학사와의 사이가 각별한 처지

인 것을 알고 자주 찾아와 만나 주며, 더구나 쌀이며 의복감 같은 것
도 가져다준다. 고마운 뜻을 펴기 위하여 한 수를 읊어 보니

외진 고장에서 이런 이를 만나다니
아마도 유별한 인연이 있었던가 봐.

학사의 기풍은 조카에게 밀친 거요
명현의 기골은 학사 앞에 보았거늘.

찬 서리 눈보라에 옷감이 고맙구려
텅 빈 주머니에 곡식 담아 봄철일세.

이마적 만남이여 눈물만이 솟네 그려
언제나 다시 만나 웃음밭을 이루올까.

文身異地得斯人　作意追從別有因
學士風流傳令姪　名賢氣骨見前身

霜寒更謝江神布　囊罄難謀麴米春
今日相逢惟涕淚　他年幸許接芳隣

다시 한 수를 읊으니

전에 금마문(金馬門)서 부름을 기다리던 몸
나라가 시든 오늘 누굴 보고 호소할까.

하찮은 몸 도리어 삼생의(三生義)를 지다니
나라를 위해 죽자던 게 이 지경이 되었구려.

좋은 일도 헛되이 천리 밖 꿈 같구나
궁지에도 한 때의 봄이 있기는 있는가 봐.

강상은 만고에 빛나고 인륜은 중한 거야
우리 같은 무리는 차라리 짐승의 벗 일게라.

上歲金門待詔人　式微今日問誰因
偸生却負三生義　許國終爲去國身

好事空憑千里夢　窮鄕又値一年春
綱常萬古人倫重　我輩寧爲鳥獸隣

또 한 수를 읊으니

연나라가 몇 만 리냐 초나라에 붙잡힌 몸
나그네의 신세라서 한자리의 인연인가.

예악 시서는 사내의 일이요
총명 이목은 장부의 모습이다.

다시 살아 전쟁을 또 만나리
즐거운 봄이라고 있을 리 없다.

왕업이 어지러워 누가 지은 환란이냐
원수의 피를 뽑아 임께 고이 보내오리

燕霜萬里禁囚人　旅泊三年定宿因
禮樂詩書男子事　聰明耳目丈夫身

他生莫値干戈日　樂事室抛桃李春
王祭艱難誰作厲　欲將靑血問客隣

기해년 정월이다. 감회가 없지 않다.

서리도 고운 서리 티끌에 섞일쏘냐
달에 끌린 애닯음이여 밤마다 새로워라.

말 뿔은 나잖아도 새해는 오는고야
외로운 마음 도리어 새해 맞아 설렌다.

瓊霜不忍混緇塵　璧月關愁夜夜新
馬角不生靑歲至　客心還自却逢辰

왜승 조고원(照高院)은 왜황제의 숙부다. 집을 나와 대불사(大佛寺)
에서 살더니 중에게 부채 열 자루를 보내면서 시 한 수를 청한다.

십 폭 만찬 보내신 뜻 줄줄이 맑은 정을
깊이 아로새겨 고이 간직하오리다.

하찮은 목숨 하늘을 우러른 지 오래이기로
인제 전성(氈城)을 지날 적엔 낯을 가려 가오리라.

十幅蠻牋陳陳淸　寄來深荷上人情
偸生久値看天日　從此氈城掩面行

적괴 수길이가 죽자 그를 북문 밖에다 묻었다. 그 위에 황금전(黃金殿)
을 짓고, 왜승 남화(南化)가 글을 지어 그 문 위에 큰 글씨로 써 붙였다.

"대명일본(大明日本)에 일세를 떨친 호걸. 태평 길을 열었으니 바
다는 넓고 산은 높다."

한 번 구경삼아 놀러 갔다가 하두 어이가 없기에 붓으로 쭉쭉 문
질러 버리고 그 곁에다 이렇게 써 놓았다.

"반생 동안 한 일이 흙 한 줌인데 십층 금전(十層金殿)은 울룩불룩
누구를 속이자는 거야! 총알이 또한 남의 손에 쥐어지는 날 푸른 언
덕 뒤엎고 내닫는 것쯤이야……"(半生經營土一杯十層金殿謾崔嵬彈丸亦
落他人手河事靑丘捲土來)

왜승 묘수원순수좌(妙壽院舜首座)가 이 일이 있은 후로 내게 와서 하는 말이다.

"앞서 대합의 총전(塚殿)에를 가 보았는데 써놓은 것이 아마 당신의 소작 같은데 웬 사람이 그래 조심성이 그리 없소?"

라 하더라. 수왜(守倭) 시촌(市村)이 우리 집안 사람들더러 하는 말이 "당신네들끼리야 남남 사이와는 다르지 않나! 형이니, 아우니, 조카니, 아재비니 서로서로 번갈아 드나들어도 좋지 않나!"

이 말 끝에 명나라 차관(差官) 모국과(茅國科) · 왕건공(王建功) 등이 사가이[사개沙盖]의 여관에 묵고 있는 것을 알았다(왜명에 계계란 사가이이니 이는 서해 바다 근처에 있는 여관이다). 우리나라 사람 신계리(申繼李)를 앞세우고 찾아가 보기로 하였다. 문지기 놈에게 한줌 쥐어 주었더니 선뜻 들어가라 한다. 두 차관이 서쪽을 향하고 의자에 기대어 앉았더니, 우리에게 한 의자를 주어 동향하여 앉게 한다. 차가 나오고 술이 나와서 오고가는 정의에 따뜻한 공기가 방안에 그득하다. 나는 그들에게 울면서 청을 넣었다.

"머잖아서 배를 정비하여 짐을 보낸다는 소문이 있었습니다. 그 배편에 졸병 한 놈을 데리고 가 주셨으면 감사하겠습니다."

차관의 얼굴에는 동정하는 빛이 떠오른다.

"공은 어느 놈에게 의탁하고 있소?"

"좌도(佐渡)입니다."

"우리들이 가강에게 말하여 좌도에게 이르도록 하겠습니다. 곧 돌아가시도록 주선해 보지요."

이런 수작을 하는 사이에 신계리는 본래 성품이 경박해서 앞뒤를 가릴 줄 모르는데다가 별 수나 있는 듯이 주책없는 소리를 지껄인다. 그나마 악을 쓰고 덤벼들 듯이 중얼거렸다.

"아—니 수길이란 놈이 죽었으니까 왜놈들의 구석도 다 알아 봤어! 인젠 난리가 날 걸! 놈들도 인제는 다 죽어요. 다 죽어."

대마도 통역놈은 본시 우리나라 말에 아주 익숙하기 때문에 바로 우리들을 책임맡은 장우문(長右門)에게 쫓아가서 이런 사연을 고자질했다. 장우문은 행장의 형이다. 우리들이 문 밖으로 나오자마자 밧줄로 묶어 딴 방을 치워 가두고, 계리도 다른 데로 데리고 간다. 저녁 때면 모조리 환괘(環掛)의 형에 처해 버린다는 것이다. 명나라 차관도 거듭거듭 용서하여 주기를 부탁했다.

"그 사람들이 왔댔자 별소리 없었지요. 그들의 집안 소식이며 늙은 아비의 안부 따위를 물었을 뿐이지 별게 없었습니다."

장우문도 미적미적하다가 겨우 풀어주어 돌아오게 되었다. 서리, 아전 따위는 좀 치켜 주면 무서운 줄 모르고 함부로 하거든! 돌아와서 하두 어처구니가 없어 두 형을 대놓고 한바탕 웃고 말았다.

왜놈의 땅에 온 후로 여태껏 한시도 돌아가고픈 마음을 버릴 수가 없다. 왜놈들의 풍습이란 돈이면 귀신도 부릴 수 있는 고장이다. 왜승 순수좌에게 글씨를 팔아 은전을 좀 벌었다. 임진년 때 포로 신계리・임대여(林大與)과 몰래 결탁하여 중형이 계리 등을 데리고 은전 팔십 문으로 배 한 척을 샀다. 뱃일이 거의 준비되기를 기다려 막 떠나려 할 무렵에 계리가 또 일을 저질러 사실을 누설하니, 좌도는 중형과 계리 일행을 묶어다가 대판으로 끌고 갔다. 가두어 놓고선 하루에 한 사람씩 본보기로 죽이는 것이었다. 중형은 왜말을 모르기 때문에 필시 계리 등의 꾐에 빠진 것으로 거꾸로 생각하고, 사흘 동안 가두어 두었다가 복견성으로 돌려보내 주었다. 우리나라 사람

강사준 패들이 술을 가지고 와서 위로회를 열어주는 것이었다. 울적한 맘 풀길이 없어 한 수를 읊으니

눈을 들어 바라보니 산천이 바뀌었네
포로의 새 설움이 다시 일어 솟는구나.

이 자리는 어느 자리 어느 곳인가
산은 애탕이요 강은 우치로구나.

舉目山河異昔時　新亭猶作楚囚悲
如今高會問何地　山是愛湯河宇治

왜승이 낡은 병풍 위에 누르고 흰 국화와 목련과 나팔꽃을 그려놓고 내게 제시(題詩)를 청한다.

삼경(三徑)에 가을 바람 밤마다 서리로다
치렁치렁 흰 빛깔에 누렁이도 섞였구나.

가을이라 푸른 덩치 따담음 직하다마는
목련 나팔꽃을 어찌 차마 꺾을 거냐!

三徑秋風夜有霜　離離淡白雜輕黃
重陽青藥猶堪摘　何事牽牛更女郎

다른 폭에는 기화요초(琪花瑤草)가 그려 있다.

기화 요초가 다르지 않아
봄철에 아롱아롱 피어올랐네.

달미에 비스듬히 서 있거들랑
그대는 이 맘을 알아주리라.

瓊花瑤草不知各　九十春光律外榮
明月樓前如可寄　美人應識遠人情

순수좌가 이에 맞추어 한 수를 지으니

가지가지 국화빛이 알뜰히 얽혔으니
이 분의 새 글제 더욱 좋아 보인다.

가을 서리 맞았거늘 높은 절의 내 아노라
꽃을 보고 이르는 말 내 스승 아닐쏘냐.

數莖叢菊色交寄　遠客新題亦自宜
節義高秋霜露底　對花猶道是吾師

수길이 우리나라를 재침략하려 할 때 여러 장군들에게 이르기를
"사람마다 귀는 둘, 코는 하나다."
라 하면서 졸병마다 목 대신에 우리나라 사람들의 코를 베어 올려
저희들의 서울로 보내게 하였다. 보내 온 코를 대불사 앞뜰에 묻었
는데 그로 인해서 큰 산 하나가 새로 생겼다. 그 높이가 애탕산(愛湯
山) 허리춤만큼 되었다니 얼마나 참혹한 정경인가! 우리나라 사람들
이 쌀을 거두어 가지고 제사를 모시기로 하여 내게 제문(祭文)을 청
해왔다. "有鼻耳西峙修蛇　東藏帝巴藏鹽鮑魚不香之語"(고사故事인 듯. 미
상未詳.—역자)를 써 올렸다.
　경자년 2월에 적장 좌도가 守倭를 불러 우리 가족들의 단속을 좀
허부룩하게 하도록 이르니, 이 이야기를 듣고 수왜는 바로 나가 버

린다. 이에 순수좌를 찾아가 귀국할 방도를 부탁하게 되었던 것이다 (자세한 것은 「적중봉소편」에 있다). 4월 초 이튿날 왜경을 떠나 배에 오르니 감개 무량하다.

> 성은이 멀리 우리에게 미치니
> 귀국의 이 날은 늦은 봄이러라.
>
> 왜놈의 섬은 아득하고 바다는 넓도다
> 충의의 열정은 짝배에나마 그득하려네.

> 聖恩遙及窯中囚　絶城歸帆近麥秋
> 蓬島渺茫滄海關　却將忠義滿孤舟

배가 일기도(壹岐島)에 닿자 비바람이 사뭇 열흘을 계속했다. 지리한 날씨다. 하다못해 뒷산에 올라 천신께 제사를 모셨다. 그래서 그랬던가 이튿날 새벽에는 흐렸던 날씨도 계속 개이고 별빛도 또렷또렷 반짝거린다. 풍백(風伯)이 또 길을 인도하여 주니 앞길도 순조로왔다. 그 날이 5월 5일이다.

왜황의 시신(侍臣) 청송소납언(靑松小納言)의 누이는 일찌기 왜황의 시녀였었다. 왜황의 궁내 비밀을 누설했다는 죄로 일기도(壹岐島)로 귀양을 보냈다. 한 배에 탄 사람으로 정홍업(鄭弘業)·오헌민(吳獻敏)은 앞 선에 청송의 집안과 왕래가 있던 처지라 가서 찾아보고 양식을 청했더니, 이 여자는 술이며 약식을 줄 뿐 아니라 창포병(菖蒲餠, 왜군의 시절 물이다)까지, 만들어 보내 주고 또 두 종[비婢]까지 보내 주었다. 한 배가 골고루 배불리 먹었는데, 이 종이 울면서 시 한 수를 청한다고 홍업이 말하기에 떠날 무렵에 한 구절 갈겨 지으니

낙양서 서로 보던 그 무렵에는
왕모를 모시고 나란히 겉었거니.

쑥대 바다 건너 와서 만난 오늘은
시든 꽃 여읜 자국에 눈물만 넘쳐.

當時相見洛陽城　王母前頭作伴行
今日相蓬蓬海外　碧桃花瘦露盈盈

　귀국하려는 포로들은 모두 대마도를 귀신의 아가리같이 여기고
있기 때문에 격문 한 장을 지어 돌아가는 왜놈편에 대마도는 아무렇
지도 않다는 것을 알리도록 하였다(돌아가는 왜놈이란 적송赤松의
순수좌가 물길 안내로 보내 준 자다. 이 글의 내용을 보면 5월 5일
밑에 놓음 직하므로 여기에 붙여 둔다).

끝말[跋]

　　본래 이 책이름을 『건차록(巾車錄)』이라 하였는데, 이는 선생이 손수 붙인 이름이다. '건차'란 본시 죄인이 타는 수레로서 선생이 이렇게 책명을 짓게 된 것은 선생이 겸손한 뜻으로 마치 나라에 죄인이나 다름없이 자처하신 데에서 나온 것이다. 선생은 비록 그러하였을 망정 다른 사람이야 그럴 수 없을 것인데, 하물며 선생의 자제 문인들이 어찌 이런 책명으로 선생을 낮추어 부를 수 있으며 다시 고쳐 부를 생각을 안 가지어서 될 말인가. 정말이지 우리 선생이 당하신 재난으로 말하면 전무후무한 역경이었으나 선생은 조금도 흔들리지 않으셨고 두 번이나 바다에 빠진 일이며, 아흐레를 먹지 못하신 고생 중에도 세 번이나 나라에 지성대의(至誠大義)로 상소를 올렸으니 4년 동안 한 절개를 조금도 변함없이 지켜 내려온 것으로 말하면 서리발 눈보라도 짓밟고 해와 달도 뚫을지니 천지신명께 물어도 조금도 의심할 나위가 없을 것이다. 이[齒] 검은 무리들이 법석거리는 고장 놈들도 선생의 대의를 사모하여 선생을 소경(蘇卿)에게 견주어 칭송이 자자하였건만, 선생이 귀국하시자 선생을 추앙하여 떠받들어 드리기는 커녕 도리어 돌 밑으로 깔아 눕히려 하였으니 글쎄 되놈들 만도 못한 대접이 아닌가, 너무도 심한 일이 아닌가?

선생이 왜정을 떠나서 바다로 나서실 때 그의 감회를 읊으신 시에

명의(名義)를 중히 여겨 글을 읽던 나다.
그래도 옳으니 그르니 시비도 많으리오.
요동학이란 웬 말 내게는 당찮아
바닷가 양떼를 치나니 죽지 못해 사는 거야. (본문184쪽 참조)

平生讀書名義重
後來看史是非長
浮生不是遼東鶴
等死須看海上羊

라 한 것이 있고, 어느 사람에게 대답한 시의 끝 구절에

술 한 병 들고 양치는 이 위로하네. (본문189쪽 참조)
一壺椒醑慰看羊

이라 하였으니 선생은 벌써 자기의 앞일을 짐작하신 듯도 하다.
권석주(權石州)의 시에 소위

郎爲看羊落
書纔賴雁傳

이란 것이 있으니, 이는 소중랑(蘇中郞)의 죽지 않은 절개를 읊조린 뜻에서 취하여 이에 견주어 치하한 말이다. 이에 이런 점 저런 점으

로 미루어 보아 이를 『간양록(看羊錄)』이라고 고쳐 선생의 절조를 표시하려는 것뿐이니, 선생의 깊고 아늑한 절개와 뜻을 널리 세상에 알리는 일에 대하여서는 더 유능한 뒷사람을 기다릴 따름이라 하노라.

숭정기원후(崇禎紀元後) 용집갑오년(龍集甲午年) 여름
문인(門人) 파평(坡平) 윤순거(尹舜擧) 씀

부록(附錄)

수은(睡隱) 강항선생(姜沆先生) 연보(年譜)

명종(明宗) 22년 정묘(丁卯, 서기 1567년) 1세: 5월 17일 해시(亥時) 영광 불갑(佛甲) 유봉제(酉峰第)에서 탄생.

선조(宣祖) 4년 경오(庚午, 서기 1570년) 4세: 백형(伯兄) 저어당 준(齟齬堂濬)에게서 수학함. 준(濬)은 율곡 선생의 문인임.

선조 5년 신미(辛未, 서기 1571년) 5세: 전라감사 신백록응시(辛白麓應時)가 각자(脚字)로 명제(命題)함에 곧장 "각도만리심교각(脚到萬里心敎脚)"이라 하니 백록(白麓)은 이에 개용경탄(改容驚歎)하였다.

선조 7년 계유(癸酉, 서기 1573년) 7세: 『맹자』 1질(一帙)을 하룻밤에 일람진기(一覽盡記)함에 서가(書賈)가 천재(天才)라 하여 1질(一帙)을 유사(遺謝)하되 고사불수(固辭不受)하므로 이를 정수(亭樹)에 걸어 놓고 감으로 해서 우금(于今) 그 곳을 맹자정(孟子亭)이라 칭(稱)함.

선조 8년 갑술(甲戌, 서기 1574년) 8세: 『통감강목(通鑑綱目)』을 통달(通達)하였기로 무장(茂長)에 강목촌(綱目村)이 있음.

　선조 9년 을해(乙亥, 서기 1575년) 9세: 유성약천성부(幼成若天性賦)를 지은 바 있음

　선조 14년 경오(庚辰, 서기 1581년) 14세: 선요(先姚) 김씨상(金氏喪)을 당하여 애훼과제(哀毁過制)하므로 적자(吊者)들은 모두 칭복(稱服)함.

　선조 16년 임오(壬午, 서기 1583년) 16세: 책문(策文)으로 향시(鄕試)에 합격하여 이름을 날리다.

　선조 21년 정해(丁亥, 서기 1587년) 21세: 향선삼장(鄕鮮三場)을 구중(俱中)함.

　선조 22년 무자(戊子, 서기 1588년) 22세: 봄에 진사(進士)로 뽑힘. 겨울에 진주김씨(晉州金氏, 참봉휘봉參奉諱琫의 여女)를 취(娶)함.

　선조 25년 신묘(辛卯, 서기 1591년) 25세: 백형(伯兄) 저어당(齟齬堂)이 신묘사화(辛卯士禍)에 연좌(連坐)됨에 상통흠적(傷痛欽迹)함.

　선조 26년 임진(壬辰, 서기 1592년) 26세; 왜란(倭亂)을 당하자 의곡(義穀)·군기(軍器) 등을 모아 제봉(霽峰) 고경명 의병소(高敬命義兵所)로 보내다.

　선조 27년 계사(癸巳, 서기 1593년) 27세: 문과에 급제(及第)하다. 어염(魚鹽)을 무판(貿販)하고 백미 백석(白米百石)을 모아 종제(從弟) 낙(洛)으로 하여금 의병장(義兵將) 고경명(高敬命)·김천일(金千鎰)·최경장(崔慶長)의 의병소(義兵所)로 각각 보내주다.

　선조 28년 갑오(甲午, 서기 1594년) 28세: 봄에 교서정자(校書正字)로 있을 때 우계선생(牛溪先生)이 온우군소(慍于群少)하여 문하(門下)가 요락(寥落)하되 선생(先生)이 홀로 원왕성지(遠往省之)함에 선생(先生)은 그의 단량(端諒)함을 칭찬하였다. 겨울에 은대가랑(銀臺假郞)으

로 입대(入待)함.

선조 29년 을사(乙未, 서기 1595년) 29세: 박사(博士)에 승(陞)함.

선조 30년 병신(丙申, 서기 1596년) 30세: 봄에 성균관전적(成均館典籍), 가을에 공조좌랑(工曹佐郎), 겨울에 형조좌랑(刑曹佐郎)으로 이배(移拜)됨

선조 31년 정유(丁酉, 서기 1597년) 31세: 분호조청(分戶曹廳)으로 양향(糧餉)을 독운(督運)하다가 우적피노(遇賊被擄)됨. 부실 이씨(副室李氏)는 동집피로(同執被擄)에 단식자진(斷食自盡)하다. 인조 계유(仁祖癸酉)에 명선(命旋).

선조 32년 무오(戊戌, 서기 1598년) 32세: 적중(賊中)에서 왜국 풍토(倭國風土)·관직(官職) 및 적정(賊情)의 강약(强弱) 등을 상록(詳錄)하여 김석복편(金石福便)으로 본조(本朝)에 상달(上達)하였다.

선조 33년 기해(已亥, 서기 1599년) 33세: 상동서(上同書)를 또다시 명차관(明差官) 왕건공편(王建功便)으로 비밀히 본조(本朝)에 득달(得達)케 하다.

선조 34년 경자(庚子, 서기 1600년) 34세: 여름에 임선서출(賃船西出)하사 대마도(對馬島)를 거쳐 귀국(歸國)하다. 서울에서 대명궐하(待命闕下)할 때 선묘(宣廟)께서 크게 가탄(嘉歎)하사 사온선노(賜醞宣勞)하신 후 하문(下問)하심에 선생(先生)은 조진일통(條陳一通)하다. 선묘(宣廟)께서 신명급마(申命給馬)하사 귀관(歸觀) 노부(老父)토록 하심에 9월에 향리(鄕里) 유봉(酉峯)으로 돌아오다.

선조 35년 신묘(辛丑, 서기 1601년) 35세: 상국(相國) 이덕형 막하(李德馨幕下)에 부(赴)하여 예부절왜서(禮部絶倭書)를 대초(代草)함.

선조 36년 임인(壬寅, 서기 1602년) 36세: 승의랑 대구교수(承議郎

大邱教授)를 제(除)함에 당세(當世)에 흠적무의(欽迹無意)하므로 부임선
환(赴任旋還)하다.

선조 37년 계사(癸卯, 서기 1603년) 37세: 순천교수(順天敎授)를 제
(除)함에 불부(不赴)하고 후진(後進)을 계도(啓導)하니 당시 명석(名碩)
이 다출(多出) 기문(其門)하다.

선조 38년 갑진(甲辰, 서기 1604년) 38세: 「이회재언적승무소(李晦
齋彦迪昇廡疏)」를 지음.

선조 40년 병오(丙午, 서기 1606년) 40세: 회곡사 경운 여우길(回谷
使慶運呂佑吉) 등이 왜국(倭國)을 다녀올 때 일인(日人)들이 선생의 충
의대절(忠義大節)을 성칭(盛稱)하면서 소무(蘇武)와 문천상(文天祥)에게
비(比)한다 하므로 조정(朝廷)이 참으로 그 행의(行義)의 초탁(超卓)함
을 알게 되다(여우길소기록呂佑吉所記錄에 소재昭載되어 있음).

선조 41년 정미(丁未, 서기 1607년) 41세: 건재(健齋) 김천일선열사
봉안문(金千鎰旋烈祠奉安文)을 지음.

선조 42년 무신(戊申, 서기 1608년) 42세: 사계 김선생장생(沙溪金
先生長生)이 조정에 상주(上奏)하여 선생의 절의(節義)를 포양(襃揚)코
자 할 때 왜구(倭國) 견양(犬羊)의 무식(無識)으로도 오히려 견복(見服)
하거늘 아국인심(我國人心)이 편사(偏私)하여 선생의 절의(節義)를 포
양(襃揚)한 줄 모르니 극가통야(極可痛也)라 하다.

광해(光海) 원년 을유(己酉, 서기 1609년) 43세: 팔송 윤황(八松尹煌)
이 영광군수(靈光郡守)로 와서 그의 아들 훈거(勛擧)와 무거(舞擧)에게
명(命)하여 수학(受學)케 함.

광해 2년 경술(庚戌, 서기 1610년) 44세: 광주향교상량문(光州鄕校
上樑文)을 지음.

광해 4년 임자(壬子, 서기 1612년) 46세: 석강통병(淛江統兵)이 명조(明朝)에 말하여 아국(我國)이 여왜통호(與倭通好)하려 전경지방(全慶地方)에 왜적(倭賊)이 잡서(雜書)한다. 모함(謀陷)함에 지휘사(指揮使) 황분(黃芬)을 보내어 열읍(列邑)을 정탐(偵探)커늘 선생이 글을 지어 이를 변무(辨誣)하다.

광해 7년 을묘(乙卯, 서기 1615년) 49세: 선고몽오공우(先考夢梧公憂)를 당하다.

광해 9년 정사(丁巳, 서기 1617년) 51세: 「영광운금정기(靈光雲錦亭記)」를 지음.

광해 10년 무오(戊午, 서기 1618년) 52세: 5월 6일에 정침고종(正寢考終)함.

인조 6년 무진(戊辰, 서기 1628년): 문인(門人) 윤순거찬(尹舜擧撰) 행장(行狀)이 마련됨.

인조 13년 을해(乙亥, 서기 1635년): 유봉(酉峰)에 사우(祠宇)를 건설하다. 이에 우암(尤庵) 송문정공(宋文正公)이 축문(祝文)을 짓다.

인조 14년 병자(丙子, 서기 1636년): 유봉사우(酉峰詞宇)가 실화회진(失火灰盡)하므로 판서 임담(判書林潭) 사성 김지수(司成金地粹) 참봉 김우급(參奉金友伋) 등이 발의하여 용산(龍山)에 복건(復建)하고 우암(尤庵)이 용계사액(龍溪祠額)을 씀.

효종 7년 병신(丙申, 서기 1656년): 간양록서문(看羊錄序文)이 유시 남계씨(兪市南棨氏)의 손으로 이루어지다.

효종 9년 무술(戊戌, 서기 1658년): 통정대부 승정원도승지(通政大夫承政院都承旨)로 증직(贈職)됨. 문집(文集)이 이루어짐에 우암(尤庵)이 이에 서문(序文)을 찬(撰)함.

현종 8년 정미(丁未, 서기 1667년): 선생소찬(先生所撰) 「강감회요(綱鑑會要)」가 출간(出刊)됨.

숙종 8년 임술(壬戌, 서기 1682년): 동토윤선생순거(童土尹先生舜擧)를 용계사(龍溪祠)에 배향(配享)함. 조정에서 선생을 한소무(漢蘇武)와 같다 하여 금소무(今蘇武) 이자(三字)로 정시제(廷試題)를 삼아 취사(取士)하고 사손(祀孫) 익(翊)을 주관사정(周官司正) ○을 주관세마(周官洗馬)로 제(除)하다.

숙내 28년 임오(壬午, 서기 1702년): 용계사(龍溪祠)를 중수(重修)함(군수윤일복찬기郡守尹一復撰記).

숙종 35년 기축(己丑, 서기 1709년): 용계사청액(龍溪詞請額)으로 권보덕(權輔德)이 제소(製疏)함.

영종 48년 임진(壬辰, 서기 1772년): 영종이 『수은집(睡隱集)』을 예람(睿覽)하시고 선생의 절의(節義)를 한소무 송문산(漢蘇武宋文山)과 같다 칭찬(稱讚)하시고 7대손 재윤(載潤)을 도사(都事)로 등용(騰用)하다.

정종 22년 무오(戊午, 서기 1798년): 묘갈명(墓碣銘)이 이루어지다(성담송환기찬性潭宋煥箕撰). 조연에서 『간양록(看羊錄)』 중에서 산성이설지사(山城移設之事)로 위제설시(爲題設試)하다.

고종 19년 임오(壬午, 서기 1882년) : 자헌대부 이조판서 양관대제학(資憲大夫吏曹判書兩舘大提學)을 증직(贈職)하다. 대제학(大提學) 김상현(金尙鉉)이 시장(諡狀)을 찬(撰)하다. 선생소저(先生所著) 『강감회요(綱鑑會要)』의 장판(藏板)이 조작(造作)되다. 동토선생(童土先生)의 다손(多孫) 정시수(鄭時遂), 정시대(鄭時大) 형제가 영광(靈光) 및 영암군수(靈岩郡守)로 각각 부임(赴任)하자 영광군수(靈光郡守)가 이를 간판(刊板)하였고, 『간양록(看羊錄)』과 문집(文集)의 장판(藏板)은 수면래(數面

來) 선생의 강당(講堂)에 보관중(保管中)이던 바 왜정 말기(倭政末期)에 왜인(倭人) 영광경찰서장(靈光警察署長)의 손으로 소각(燒却)되고 『간양록(看羊錄)』도 몰수(沒收)하여 분서(焚書)의 화(禍)를 당하였다.

단기(壇紀) 4285년(서기 1952년) : 현암(玄庵) 이을호선생(李乙浩先生)의 『간양록(看羊錄)』 한글역(譯) 초판(初版)이 간행(刊行)됨.

단기 4291년(서기 1958년) : 선생의 기념관(記念館) '수은정(睡隱亭)'이 창건(創建)되다.

발문

이 책을 발행하게 된 것은 <이을호 전서> 초간본이 품절되어 찾는 독자들이 많았고, 전서의 증보와 보완이 있었으면 좋겠다는 여망에 따른 것입니다. 전서가 발행된 이후에도 특히 번역본에 대한 일반 독자의 수요가 많아서 『간양록』을 출간하였으며, 『한글 사서』(한글 중용·대학, 한글 맹자, 한글 논어)는 비영리 출판사 '올재 클래식스'가 고전 읽기 운동의 교재로 보급하였고, 인터넷에서도 공개하고 있습니다. 『한글 논어』는 교수신문에서 '최고의 고전번역'으로 선정되기도 하였습니다.

그간 선친의 학문에 대한 관심의 고조와 함께 생전의 행적을 기리는 몇 가지 사업들이 있었습니다. 서세(逝世) 이듬해에 '건국포장'이 추서되었습니다. 선친께서는 생전에 자신의 항일활동을 굳이 내세우려 하지 않으셨기 때문에, 일제강점기에 임시정부를 지원하고 영광만세운동과 관련하여 옥고를 치렀던 일들을 사후에 추증된 것입니다.

향리 영광군에서도 현창사업이 있었습니다. 생애와 업적을 기리는 사적비(事績碑)가 영광읍 우산공원에 세워졌습니다. 그러나 금석(金石)의 기록 또한 바라지 않으신 것을 알기에 영광군에서 주관한 사적비의 건립 역시 조심스러웠습니다.

서세 5주년 때는 '선각자 현암 이을호 선생의 내면세계'를 주제로 한 학술심포지엄이 영광문화원 주최로 영광군에서 열렸습니다. 그의 학문이 "한국의 사상과 역사를 새롭게 연구하고, 우리 문화의 미래적 방향을 제시한 것"이었음이 알려지자, '한국문화원연합회 전남지회'에서는 『현암 이을호』라는 책을 간행하여 여러 곳에 보급하기도 하였습니다. 이후 영광군에서는 전국 도로명주소 전환 사업 시 고택(故宅) 앞 길을 '현암길'로 명명하였습니다.

학계에서는 전남대학교가 '이을호 기념 강의실'을 옛 문리대 건물에 개설하여 그곳에 저서를 전시하고, 동양학을 주제로 하는 강의와 학술모임을 하고 있습니다. 선친의 학문 활동은 일제시대 중앙일간지와 『동양의학』 논문지 등에 기고한 논설들이 그 효시라 할 수 있지만, 그 이후 학문의 천착은 일생 동안 몸담으셨던 전남대학교에서 이루어졌음을 기린 것입니다. 지금은 생전에 많은 정성을 기울이셨던 '호남의 문화와 사상'에 대한 연구도 뿌리를 내리게 되어 '호남학'을 정립하려는 노력들이 활발하게 이루어지고 있습니다. 또한 한국공자학회에서 논문집 『현암 이을호 연구』를 간행하였고, 최근 출간한 윤사순 교수의 『한국유학사』에서 그 학문적 특징을 '한국문화의 새로운 방향을 제시한 업적'으로 평가하였습니다.

이제 하나의 소망이 있다면, 그 학문이 하나의 논리와 체계를 갖춘 '현암학'으로 발전하는 것입니다. 이 출간이 '책을 통하여 그 학문과 삶이 남기'를 소망하셨던 선친의 뜻에 다소나마 보답이 되었으면 합니다. 덧붙여서 이 전집이 간행되기까지 원문의 번역과 교열에 힘써 준 편집위원 제위와 이 책을 출간하여준 한국학술정보(주)에도 사의를 드립니다.

2014년 첫봄

장자 원태 삼가 씀

편집 후기

2000년에 간행된 <이을호 전서>는 선생의 학문과 사상을 체계적으로 이해하도록 편찬하였었다. 따라서 다산의 경학을 출발로, 그 외연으로서 다산학 그리고 실학과 한국 사상을 차례로 하고, 실학적 관점으로 서술된 한국 철학과 국역 『다산사서(茶山四書)』, 『다산학제요』 등을 실었던 것은, 다산학을 중심으로 형성된 한국적 사유의 특징을 이해하도록 한 것이었으며, 그 밖의 『사상의학』과 『생명론』은, 선생이 한때 몸담았던 의학에 관계된 저술이었다.

지금은 초간본이 간행된 지 14년의 세월이 흘러, 젊은 세대들은 원전을 이해하지 못하는 사람들이 늘어나고, 그 논문의 서술방식 또한 많이 바뀌어 가고 있다.

이러한 상황의 변화에 따라 새로운 전집의 간행이 이루어졌으면 하는 의견들이 많아 이번에 <현암 이을호 전서>를 복간하게 된 것이다.

이 책의 편차는 대체적으로 선생의 학문적 흐름을 쉽게 이해할 수 있다는 점에서 이미 간행되었던 <이을호 전서>의 큰 틀은 그대로 유지하면서도 각 책을 따로 독립시켜 각자의 특색이 드러나도록 하였다. 특히 관심을 기울인 것은 원문의 번역과 문장의 교열을 통하여 그 내용을 쉽게 이해할 수 있도록 한 것이다.

그 과정에서 가장 중점을 둔 것은 원문의 국역이었다. 저자는 문장의 서술과정에서 그 논증의 근거를 모두 원문으로 인용하였다. 그러나 이번에 인용문은 모두 국역하고 원문은 각주로 처리하였다. 또한 그 글의 출처와 인명들도 모두 검색하여 부기함으로써 독자들의 이해를 돕도록 한 것이다.

또한 이전의 책은 그 주제에 따라 분책(分冊)하였기 때문에 같은 주제에 해당하는 내용은 모두 한 책으로 엮었으나 이번 새로 간행된 전집은 다채로운 사상들이 모두 그 특색을 나타내도록 분리한 것이다. 이는 사상적 이해뿐 아니라 독자들의 이용에 편의를 제공하고자 하는 뜻도 있다.

또 한 가지는 서세 후에 발견된 여러 글들을 보완하고 추모의 글도 함께 실어서 그 학문세계뿐 아니라 선생에 대한 이해의 폭을 더욱 넓히는 데 참고가 되도록 하였다.

이제 이와 같이 번역·증보·교열된 <현암 이을호 전서>는 선생의 학문이 한국사상연구의 현대적 기반과 앞으로 새롭게 전개될 한국 문화의 미래적 방향을 제시하는 새로운 이정표로서 손색이 없기를 간절히 기대한다.

갑오년(甲午年) 맹춘(孟春)
증보·교열 <현암 이을호 전서> 복간위원회

안진오 오종일 최대우 백은기 류근성 장복동 이향준 조우진
김경훈 박해장 서영이 최영희 정상엽 노평규 이형성 배옥영

『현암 이을호 전서』 27책 개요

1. 『다산경학사상 연구』

처음으로 다산 정약용의 철학을 체계적으로 연구한 저서이다. 공자 사상의 연원을 밝히고 유학의 근본정신이 어디에서 발원하였는가 하는 것을 구명한 내용으로서, 유학의 본령에 접근할 수 있는 지침서이다(신국판 346쪽).

2. 『다산역학 연구 Ⅰ』

3. 『다산역학 연구 Ⅱ』

다산의 역학을 체계적으로 연구한 책으로서 다산이 밝힌 역학의 성립과 발전적 특징을 시대적으로 제시하고 다산이 인용한 모든 내용을 국역하였다(신국판 上, 下 632쪽).

4. 『다산의 생애와 사상』

다산 사상을 그 학문적 특징에 따라서 현대적 감각에 맞도록 정치, 경제, 사회, 문화 등 각 방면의 사상으로 재해석한 책이다(신국판 260쪽).

5. 『다산학 입문』

다산의 시대 배경과 저술의 특징을 밝히고, 다산의 『사서오경(四書五經)』에 대한 해석이 그 이전의 학문, 특히 정주학(程朱學)과 어떻게 다른가 하는 것을 주제별로 서술하여 일표이서(一表: 經世遺表 / 二書: 牧民心書, 欽欽新書)의 정신으로 결실되기까지의 과정을 서술한 책이다(신국판 259쪽).

6. 『다산학 각론』

다산학의 구조와 경학적 특징, 그리고 그 철학 사상이 현대정신과 어떤 연관성이 있는가에 대해 상세하게 논한 저서이다(신국판 691쪽).

7. 『다산학 강의』

다산학의 세계를 목민론, 경학론, 인간론, 정경학(政經學), 『목민심서』 등으로 분류하여 다채롭게 조명하여 설명한 책이다(신국판 274쪽).

8. 『다산학 제요』

『대학(大學)』, 『중용(中庸)』, 『논어(論語)』, 『맹자(孟子)』의 사서(四書)는 물론 『주역』, 『시경』, 『악경』 등 모든 경서에 대한 다산의 이해를 그 특징에 따라 주제별로 해석하고 그에 대한 특징을 서술한 방대한 책이다(신국판 660쪽).

9. 『목민심서』

다산의 『목민심서』를 현대정신에 맞도록 해석하고, 그 가르침을 현대인들이 어떻게 수용하여야 할 것인가 하는 것을 재구성한 책이다(신국판 340쪽).

10. 『한국실학사상 연구』

조선조 실학의 특징을, 실학의 개념, 실학사상에 나타난 경학(經學)에 대한 이해, 조선조 실학사상의 발전에 따른 그 인물과 사상 등의 차례로 서술한 것이다.(신국판 392쪽)

11. 『한사상 총론』

단군 사상에 나타난 '한' 사상을 연구한 것이다. 단군사상으로부터 '한' 사상의 내용과 발전과정을 서술하고, 근대 민족종교의 특성에 나타난 '한'의 정신까지, 민족 사상을 근원적으로 밝힌 책이다(신국판 546쪽).

12. 『한국철학사 총설』

중국의 사상이 아닌 한국의 정신적 특징을 중심으로, 한국철학의 형성과 발전과정을 서술한 것이다. 이 책은 한국의 정신, 특히 조선조 실학사상에 나타난 자주정신을 중심으로 서술한 것으로서 이는 중국의 의식이 아닌 우리의 철학 사상의 특징을 밝혔다(신국판 611쪽).

13. 『개신유학 각론』

조선조 실학자들의 사상적 특징, 즉 윤휴, 박세당, 정약용, 김정희

등의 사상을 서술하고 실학자들의 저서에 대한 해제 등을 모은 책이
다(신국판 517쪽).

14. 『한글 중용 · 대학』

『중용』과 『대학』을 다산의 해석에 따라 국역한 것이며, 그 번역
또한 한글의 해석만으로서 깊은 내용까지 알 수 있도록 완역한 책이
다(신국판 148쪽).

15. 『한글 논어』

다산이 주석한 『논어고금주』의 내용을 중심으로 『논어』를 한글화한
책이며 해방 후 가장 잘된 번역서로 선정된바 있다(신국판 264쪽).

16. 『한글 맹자』

『맹자』를 다산의 『맹자요의』에 나타난 주석으로서 한글화하여 번
역한 책이다(신국판 357쪽).

17. 『논어고금주 연구』

『여유당전서』에 있는 『논어고금주』의 전체 내용을 모두 국역하고,
그 사상적 특징을 보충 설명한 것이다. 각 원문에 나오는 내용과 용
어들을 한(漢)나라로부터 모든 옛 주석에 따라 소개하고 다산 자신의
견해를 모두 국역하여, 『논어』에 대한 사상적 본질을 쉽게 알 수 있
도록 정리한 책이다(신국판 665쪽).

18. 『사상의학 원론』

동무(東武) 이제마(李濟馬, 1838~1900)가 쓴 『동의수세보원』의 원문과 번역, 그리고 그 사상에 대한 본의를 밝힌 것으로서 『동의수세보원』의 번역과 그 내용을 원론적으로 서술한 책이다(신국판 548쪽).

19. 『의학론』

저자가 경성약학전문학교를 졸업한 후 당시의 질병과 그 처방에 대한 자신의 견해를 밝힌 의학에 대한 서술이다(신국판 261쪽).

20. 『생명론』

저자가 만년에 우주에 대한 사색을 통하여 모든 생명의 근원이 하나의 유기체적 관계로서 형성되고 소멸된다는 사상을 밝힌 수상록이다(신국판 207쪽).

21. 『한국문화의 인식』

한국의 전통문화에 나타난 특징들을 각 주제에 따라서 선정하고 그것들이 지니는 의미를 서술하였으며 또한, 우리 문화를 서술한 문헌들에 대한 해제를 곁들인 책이다(신국판 435쪽).

22. 『한국전통문화와 호남』

호남에 나타난 여러 가지 특징들을 지리 풍속 의식과 저술들을 주제별로 논한 것이다(신국판 415쪽).

23. 『국역 간양록』

정유재란 때 왜군에게 포로로 잡혀갔다가 그들의 스승이 되어 일본의 근대 문화를 열게 한 강항(姜沆)의 저서 『간양록』을 번역한 것이다(신국판 217쪽).

24. 『다산학 소론과 비평』

다산의 사상을 논한 내용으로서, 논문이 아닌 조그마한 주제들로서 서술한 내용과 그 밖의 평론들을 모은 책이다(신국판 341쪽).

25. 『현암 수상록』

저자가 일생 동안 여러 일간지 및 잡지에 발표한 수상문을 가려 모은 것이다(신국판 427쪽).

26. 『인간 이을호』

저자에 대한 인품과 그 학문을 다른 사람들이 소개하여 여러 책에 실린 글들을 모은 책이다(신국판 354쪽).

27. 『현암 이을호 연구』

현암 이을호 탄생 100주년을 기념하는 논문집으로서 그 학문과 사상을 종합적으로 연구하고 그 업적이 앞으로 한국사상을 연구하는 기반을 닦았다는 것을 밝힌 책이다(신국판 579쪽).

현암 이을호 전서 23
국역 간양록

초판인쇄 2015년 6월 19일
초판발행 2015년 6월 19일

지은이 이을호
펴낸이 채종준
펴낸곳 한국학술정보㈜
주소 경기도 파주시 회동길 230(문발동)
전화 031) 908-3181(대표)
팩스 031) 908-3189
홈페이지 http://ebook.kstudy.com
전자우편 출판사업부 publish@kstudy.com
등록 제일산-115호(2000. 6. 19)

ISBN 978-89-268-6911-6 94150
      978-89-268-6865-2 94150(전27권)